«Im Zentrum von Fedora, einer Metropole aus grauem Stein, steht ein Palast aus Metall mit einer gläsernen Kugel in jedem Raum. Schaut man in die Kugeln hinein, erblickt man in jeder eine blaue Stadt, die das Modell eines anderen Fedora darstellt. Es sind die Formen, welche die Stadt hätte annehmen können, wenn sie aus dem einen oder anderen Grund nicht so geworden wäre, wie wir sie heute sehen. In jeder Epoche hatte sich jemand beim Anblick Fedoras, wie es gerade war, vorgestellt, wie man eine ideale Stadt daraus machen könnte, doch während er noch sein Miniaturmodell baute, war Fedora schon nicht mehr dieselbe Stadt wie zuvor, und was bis gestern noch eine mögliche Zukunft für sie hätte sein können, war inzwischen nur noch ein Spielzeug in einer gläsernen Kugel.

Jetzt hat Fedora in dem Palast mit den Glaskugeln sein Museum: Jeder Einwohner besucht es, wählt sich die Stadt aus, die seinen Wünschen entspricht, betrachtet sie und stellt sich dabei vor, wie er sich im Teich der Medusen spiegelt, der das Wasser des Kanals hätte aufnehmen sollen (wenn der nicht trockengelegt worden wäre), wie er aus der Höhe des Baldachins auf die Allee hinabschaut, die für Elefanten reserviert ist (die jetzt aus der Stadt verbannt sind), wie er auf dem Geländer der Wendeltreppe des Minaretts hinabrutscht (das keinen Sockel fand, auf dem es sich erheben konnte).»

---

Die Städte und der Wunsch 4, aus: Italo Calvino. Die unsichtbaren Städte. S. 39. Carl Hanser Verlag 2007.

ProgrammZeitung, Theater Basel,
Forum für Zeitfragen (Hrsg.)

# BASEL IST MORGEN

Visionen für Stadt und Region an einem Tisch mit Ecken und Kanten

Schwabe Verlag Basel

Wir danken für Privatspenden und die Unterstützung
des Lotteriefonds Basel-Stadt

© 2007 by ProgrammZeitung Verlags AG und Schwabe Verlag, Basel
Redaktion Christopher Zimmer
Gestaltung Thomas Lutz, Fotos Kathrin Schulthess
Gesamtherstellung Schwabe AG
ISBN 978-3-7965-2317-5
www.schwabe.ch

# Inhalt

| | | |
|---|---|---|
| 11 | Grusswort | Georges Delnon |
| 12 | Zukunft denken. Vorwort | D. Brunner | C. Zimmer |
| 16 | Kleine Geschichte der Utopie | Annemarie Pieper |
| 23 | 20 Fragen an die LeserInnen | Teamwork |

## 19.10.2021

| | | |
|---|---|---|
| 27 | Ein lebendiges Basel | Fabienne Krähenbühl |
| 29 | Bewegtes Basel | Anni Lanz |
| 31 | Basel, Tor zur Schweiz | Christian Vultier |
| 32 | Gelebte Utopie: Alte Stadtgärtnerei | Diskussion |
| 33 | Chillen im Individuellen | Alexandra Stäheli |

## 16.11.2021

| | | |
|---|---|---|
| 42 | Drei Tage ist man Gast | Cihan Altay |
| 44 | Basel ist morgen – Ein Rückblick | Conradin Cramer |
| 47 | Small is beautiful | Barbara Buser |
| 50 | Die fidelen Tropen | Michel Mettler |

## 21.12.2021

| | | |
|---|---|---|
| 56 | Stadtklöster, Brot und Wein | Martin Dürr |
| 58 | Basel, die sexy Stadt | Astrid van der Haegen |
| 60 | Chronist der Zukunft | Christian J. Haefliger |
| 64 | Pro und kontra Runder Tisch | Diskussion |
| 67 | Was man weiss, stimmt an keiner Stelle | Birgit Kempker |

## 18.01.2022

| | | |
|---|---|---|
| 74 | Sprach-Gen und Dialogkultur | Daniela Koechlin |
| 77 | Bildung ist die beste Prävention | Carlo Knöpfel |
| 80 | The War for Top Talents | Martin Batzer |
| 83 | D Schtadt läse | Die Stadt lesen | Guy Krneta |

## 15.02.2022

| | | |
|---|---|---|
| 89 | Arbeiten, wo man wohnt | Christian Felber |
| 91 | New Port und Hafenstadt | Sibylle Ryser |
| 93 | Was passiert mit den Chinesen? | Benedikt Loderer |
| 95 | Chinesen und Berufsbasler | Diskussion |
| 97 | Verlierer in welchem Spiel? | Diskussion |
| 99 | Worauf ich hinaus möchte | Alain Claude Sulzer |

## 15.03.2022

| | | |
|---|---|---|
| 105 | Kommunikation statt Verkehrsregeln | Tiziana Sarro |
| 107 | Sprachlabor und Fumoirs | Regula Renschler |
| 109 | Anglo-Ghettos und Pseudo-Pubs | Lucy Ulrich |
| 111 | Reale und virtuelle Stadt | Diskussion |
| 113 | Freiwilligkeit versus Reglementierung | Diskussion |
| 115 | Vorläufiger Zwischenbericht | Adrian Portmann |

## 19.04.2022

| | | |
|---|---|---|
| 122 | Metropolitanregion Basel | Martin Josephy |
| 126 | Die Vielfalt pflegen | Cristina Stotz |
| 129 | Blick von der Pfalz | Felix Erbacher |
| 131 | Alle Pläne zerschlugen sich | Martin Zingg |

## 24.05.2022

| | | |
|---|---|---|
| 136 | Die Jugendlichen mehr einbeziehen | Denise Greiner |
| 138 | Klimagau und Paradies | Isabelle Schubiger |
| 140 | Provinzielle Globalität | Antonio Loprieno |
| 142 | Schreiner an die Uni! | Diskussion |
| 146 | Warum Utopie? | Enno Schmidt |

## 21.06.2022

| | | |
|---|---|---|
| 151 | Für mich ist Basel nicht Ausland | Gudrun Heute-Bluhm |
| 153 | Mehr Möglichkeiten … | Lea Burger |
| 155 | Basel erneuert seinen urbanen Geist | Emanuel Christ |
| 157 | Utopia ist noch nicht tot! | Diskussion |
| | | |
| 162 | Autorinnen und Autoren | |
| 165 | Gäste und GesprächsteilnehmerInnen | |
| 173 | Lochkamera-Bilder | |

Alle Voten in diesem Buch entstammen der Gesprächsreihe «Basel ist morgen». Die Tonaufnahmen wurden transkribiert, redigiert und zur Publikation genehmigt. Die Diskussionen sind nur auszugsweise wiedergegeben.

# Grusswort

Georges Delnon, Direktor Theater Basel

Wer das Theater betritt, überschreitet keine Grenze in ein Niemandsland. Das Theater ist ein Teil der Stadt. Damit es funktioniert, damit es relevant ist, braucht es die Auseinandersetzung mit der Stadt. Die Bühne ist dabei nur *ein* Ort, an dem all das verhandelt wird und verhandelt werden muss, was diese Stadt und die Menschen darin bewegt, beschäftigt, verändert, weiterbringt, beschädigt, mit Angst oder Hoffnung erfüllt. Sache des Theaters ist aber nicht nur die Kunst – diese ist nur *ein* Weg, Antworten zu suchen: auf Fragen des Urbanismus, der politischen und wirtschaftlichen Entwicklungen, der wissenschaftlichen Fortschritte oder Irrwege.

Darum schafft das Theater Plattformen neben der Bühne und vernetzt sich dabei mit möglichst vielen gesellschaftlichen Kräften dieser Stadt. Eine dieser Plattformen war von Oktober 2006 bis Juni 2007 die Gesprächsreihe «Basel ist morgen» im Theaterraum K6, eine Zusammenarbeit mit dem Forum für Zeitfragen, der Casinogesellschaft, Kulturstadt Jetzt, Chance Basel und der ProgrammZeitung, die anlässlich ihres 20. Geburtstages die Dokumentation der Reihe in die Hand genommen und daraus dieses Buch gemacht hat. Ein Glücksfall für das Theater und eine Chance für Basel, sich an einen Tisch mit Ecken und Kanten zu setzen und über die Zukunft nachzudenken.

Dazu waren und sind alle eingeladen, nicht nur Experten, Zukunftsforscher und Auguren. Kompetent und massgeblich sind alle, die sich, sei es als Gäste der Gesprächsreihe oder als LeserInnen dieses Buches, darauf einlassen, in einem «Trainingslager für den Möglichkeitssinn» eigene Visionen, Träume, Utopien zu entwickeln.

Dass dies durchaus auch Spass machen kann und Lust am Mitdenken, zeigt dieses Buch. Ich danke allen, die dieses Buch ermöglicht haben, und wünsche allen LeserInnen visionäre Momente.

# Zukunft denken
*Vorwort*

Dagmar Brunner und Christopher Zimmer, ProgrammZeitung

Manchmal führen zwei Ideen zu einem gemeinsamen Ergebnis. Beim vorliegenden Buch war dies der Fall, und man kann mit Fug und Recht von Vernetzung sprechen, von Partnerschaft im besten Sinne.

Auf der einen Seite war da die Gesprächsreihe «Basel ist morgen». Eine Kooperation des Theater Basel mit dem Forum für Zeitfragen, der Casinogesellschaft, Kulturstadt Jetzt, Chance Basel und der ProgrammZeitung. Von Oktober 2006 bis Juni 2007 wurden einmal pro Monat jeweils drei Gäste aus unterschiedlichen Lebensbereichen dazu eingeladen, ihre Visionen für die Region Basel zu entwickeln und zur Diskussion zu stellen. An einem langen Tisch mit einem aufgeklebten Plan der Stadt Basel (s. Umschlag) trafen sich pro Abend 20 bis 40 Interessierte bei Brot und Wein im Theaterraum K6 und einmal auch zu Gast im Schweizerischen Architekturmuseum. Gefragt waren Wünsche und Träume über die Tages- und Realpolitik hinaus. Die Gespräche wurden aufgezeichnet und sollten dokumentiert werden.

Auf der anderen Seite ist da die ProgrammZeitung, die seit zwanzig Jahren das Basler Kulturgeschehen aufmerksam und engagiert begleitet. Dass sie Ende August ihren 20. Geburtstag feiern kann, ist für ein kleines unabhängiges Kulturmagazin keine Selbstverständlichkeit. Ein Buch zum Jubiläum schien uns passend, aber es sollte keine nostalgische Nabelschau sein, sondern wie alle Aktivitäten des Jubeljahres unter dem Motto Zukunft stehen.

Hier eine Dokumentation, dort eine Jubiläumspublikation – was lag näher, als eine produktive Zusammenarbeit? Die Idee stiess bei allen Beteiligten auf Begeisterung und führte zu einem Resultat mit Mehrwert: Neben den Voten der Gäste und den Auszügen aus einigen Diskussionen ist es auch eine weiterführende und vertiefende Auseinandersetzung mit den Themen Utopie, Zukunft und Stadt. Wir haben Autorinnen und Autoren eingeladen, sich mit philosophischen, kulturgeschichtlichen und literarischen Beiträgen an diesen Themen zu reiben. Herausgekommen ist eine breite Palette an Texten, welche die Gespräche umkreisen und umrahmen; sie werden begleitet von Lochkamera-Bildern, die infolge langer Belichtung sowohl Ort als auch Zeit einfangen.

Dass dieses Buch zustandegekommen ist, ist vielen zu verdanken. Zunächst den Initianten der Gesprächsreihe, vor allem dem Theater Basel als Gastgeber, und natürlich allen Gästen und Gesprächsteilnehmenden, die mitgeträumt und mitdiskutiert haben. Ihre Bereitwilligkeit, ein so ungesichertes Terrain wie die Zukunft zu betreten und uns an ihren Hoffnungen, Wünschen und Ängsten teilnehmen zu lassen, hat uns immer wieder berührt und die Gespräche bereichert. Wir danken auch den Moderatoren Peter-Jakob Kelting, Theater Basel, und Adrian Portmann, Forum für Zeitfragen, welche die Gäste ausgewählt und es verstanden haben, die Abende klug und einfühlsam, mit einer klaren, anregenden Struktur und einer angenehmen

Atmosphäre zu gestalten. Danken möchten wir ebenso allen Autorinnen und Autoren für die gehaltvollen und originellen Textbeiträge und Kathrin Schulthess für die bildkünstlerische Umsetzung des Themas.

Ein Buch muss einen Verlag haben, und es muss finanziert werden. Wir danken Schwabe AG Druckerei und Verlag, namentlich Ruedi Bienz und David Marc Hoffmann, die uns vielfältig hilfreich entgegengekommen sind, und dem Lotteriefonds Basel-Stadt für den grosszügigen Beitrag. Dank auch den zahlreichen mit der ProgrammZeitung Verbundenen, die unser Vorhaben mit grossen und kleinen Spenden – Kulturperlen – unterstützt haben.

Zu guter Letzt möchten wir Tino Krattiger für den launigen Titel danken sowie Beat von Wartburg, dem Leiter der Abteilung Kultur der Christoph-Merian-Stiftung. Denn als wir noch hin und her überlegten, wie unser Jubiläum zu feiern sei, rief er uns, quasi über die Strasse, zu: «Macht doch ein Buch!» Das hat uns ermutigt, eine zunächst vage Idee zu realisieren. Diesen Mut, Träume zu verwirklichen, wünschen wir auch allen LeserInnen unseres Buches.

# Kleine Geschichte der Utopie

Annemarie Pieper

Thomas Morus erfand das Wort *Utopia,* um der Insel einen Namen zu geben, auf welcher er seinen Idealstaat mit der besten Verfassung ansiedelte.[1] Der Name bezeichnete einen Ort, dessen geographische Lage unbestimmt bleibt, obwohl die Beschreibung der Stadt an London erinnert. Zugleich signalisiert *Utopia,* dass es diesen Ort nicht wirklich gibt. Das Wort klingt zwar lateinisch, ist aber zusammengesetzt aus zwei griechischen Wörtern: *ou* (= nicht) und *topos* (= Ort); es bedeutet also «Nicht-Ort». Die realitätsnah geschilderten Verhältnisse sind irgendwo bzw. nirgends antreffbar; sie lassen sich weder empirisch noch historisch überprüfen. Dennoch kann man sich vorstellen, dass Menschen so leben, dass der weisse Fleck in der Landschaft humaner Lebensformen dereinst unter Raum-Zeit-Bedingungen kartiert wird und eine Vorbildfunktion für das Bestehende erhält.

Utopien gab es schon lange vor Thomas Morus, wenn auch noch nicht unter dieser Bezeichnung. Der älteste Typus sind die rückwärts gewandten Utopien eines Paradieses oder eines goldenen Zeitalters. Dieser Herkunftsort, der für ein harmonisches, friedliches Miteinander von Mensch, Natur und Gott steht, wurde aufgrund eines Sündenfalls seitens der Menschen zum Nicht-Ort, was die Vertreibung aus dem Garten Eden symbolisiert. Warum Menschen aus einem Idealzustand ausbrechen, darum wissend, dass es nichts Besseres gibt und alles andere ein Abstieg ist, wird ewig ein Rätsel bleiben. Ein unbändiger Freiheitsdrang trieb schon den Teufel zu einer Gegenutopie, zu einem Reich des Bösen, dessen Vorzug darin gesehen wurde, dass es nicht durch einen Gott vorgegeben, sondern ein eigenes Produkt war. Zwischen Himmel und Hölle als unterschiedlich qualifizierten Nicht-Orten muss der Mensch sich einrichten, indem er den verlorenen guten Ort durch Projektion in die Zukunft erneut anstrebt und am Ende das zum Nicht-Ort gewordene Paradies in seinen Aufenthaltsort verwandelt, den anderen, bösen Ort hingegen zum bleibenden Nicht-Ort erklärt und alles daran setzt, dass dieser im Bereich des Menschlichen nicht an Boden gewinnt.

Die ersten utopischen Entwürfe finden sich in Platons Werken *Politeia* (Der Staat) und *Nomoi* (Die Gesetze). Vor allem das im *Staat* entwickelte Modell einer idealen Gesellschaft hat rund 2000 Jahre als Folie für Utopien gedient, die auf soziale Gerechtigkeit als Grundprinzip gemeinschaftlichen Handelns setzten. Platon hielt einen Drei-Stände-Staat für die beste Lösung.[2] Er stützte seine Annahme auf zwei Voraussetzungen: (1) Ein Staatswesen besteht aus Individuen und funktioniert nur optimal, wenn es wie ein grosses Individuum konstruiert wird. (2) Im Individuum lassen sich drei Antriebskräfte ausmachen, die ihren Sitz in der Seele haben und als Tugenden unterschiedliche Körperregionen regieren. Während den Kopf der Wunsch nach Weisheit antreibt, bewährt sich das Herz durch mutige Einsätze, und der Bauch schliesslich verhält sich besonnen, indem er die Begierden massvoll befriedigt. Die vierte Tugend, die Gerechtigkeit, sorgt dafür, dass jede Antriebskraft sich auf ihre Körperregion beschränkt und keine unzulässigen Übergriffe auf die anderen Kompetenzbereiche unternimmt, damit der gesamte Organismus im Gleichgewicht bleibt.

Auch der Staat als grosser Organismus «lebt» in Platons Utopie wie ein menschlicher Körper. Die weisen Kopfmenschen (die «Archonten» oder «Philosophenkönige») führen die Regierungsgeschäfte, die tapferen Herzmenschen (Militär) verteidigen die Stadt, und die besonnenen Bauchmenschen (Bauern und Handwerker) sind zuständig für den Lebensunterhalt. Jede dieser drei Gruppierungen hat ihr eigenes Standesethos auf der Basis des Gerechtigkeitsprinzips, das alle Mitglieder dazu verpflichtet, auf bestmögliche Weise das Ihre zu tun und damit dem Gesamtwohl zu dienen, von dem sie zugleich angemessen profitieren. In Platons Idealstaat wird niemand aufgrund seiner Herkunft privilegiert oder diskriminiert, weil von Anfang an Chancengleichheit gewährleistet ist. Alle Kinder erhalten die gleiche Bildung, bis sich zeigt, ob ihre Naturanlagen eher zur Weisheit, zur Tapferkeit oder zur Besonnenheit tendieren. Dann erst erfolgt die Spezialausbildung, die sie auf ihre Tätigkeit in einem der drei Stände vorbereitet. Um den Zusammenhalt in der Polis zu fördern, schlägt Platon eine ungewöhnliche Form des Kommunismus vor: die Frauen- und Kindergemeinschaft. Frauen und Kinder sind Allgemeinbesitz, so dass jeder Mann sich zugleich als Vater aller Kinder fühlen kann.

Platon liess es offen, ob seine Utopie den Status einer Norm hat, in Bezug auf welche die bestehenden ungerechten Verhältnisse kritisiert werden können, oder ob sein Modell sich eins zu eins in die Realität umsetzen lässt. Seine gescheiterten Versuche, einen vollkommen gerechten Staat auf Syrakus zu errichten, sprechen eher für die Annahme, dass es sich um einen normativen Entwurf handelt, der über seine handlungsorientierende Absicht hinaus keinen Anspruch auf Realisierbarkeit erhebt. So verstanden ist die platonische Utopie ein Gedankenexperiment: Als Totalentwurf einer gesellschaftlichen Gesamtordnung, die als solche nirgends empirisch antreffbar ist, gibt sie gleichwohl das Vorbild für alle wünschenswerten Formen menschlicher Gemeinschaft ab.

Platons Utopie hat vor allem die Renaissance-Utopisten stark beeinflusst. Thomas Morus, Tommaso Campanella und Francis Bacon[3] ging es um eine Kritik der politischen Verhältnisse ihrer Zeit, eine konstruktive Kritik, die nicht bloss das Bestehende anprangerte, sondern mit einem positiven Gegenentwurf kontrastierte. Campanella lehnte sich in seinem *Sonnenstaat* am weitesten an Platon an, indem er dessen Tugendlehre adaptierte, ihr jedoch ein christliches Kleid verpasste. Macht, Weisheit und Liebe als staatstragende Tugenden werden durch drei oberste Beamte verkörpert: Der Pon (von lat. *potentia*) repräsentiert die Macht, der Sin (von lat. *sapientia*) die Weisheit und der Mor (von lat. *amor*) die Liebe. Ihnen übergeordnet ist der Sol oder Metaphysikus als Stellvertreter Gottes. Entsprechend werden die Kompetenzbereiche verteilt: das Kriegswesen (Pon), Bildung und Wissenschaft (Sin), Ernährung, Bekleidung und Fortpflanzung (Mor), Konfliktstrategien (Sol). Auch die jeweils zugeordneten Behörden tragen die Namen von Tugenden: Amt für Gerechtigkeit, Frömmigkeit, Klugheit usf.

Wie Platon stellte auch Campanella eine geistige Elite an die Spitze des Staates, die dessen Mitgliedern soziale Kompetenz beispielhaft vorlebt und den natürlichen Egoismus durch tugendhaftes Verhalten in die Schranken weist. Francis Bacon gibt den Regenten in seiner Utopie *Nova Atlantis* noch stärkeren Rückhalt, indem er sie als zugleich weltliche und religiöse Führungsgruppe konzipiert. Der Name, unter dem der Orden firmiert, ist aufschlussreich: «Haus Salomon» oder «Gesellschaft der Werke der sechs Tage». Als Wissenschaftler streben sie nach Weisheit, ihr Ziel «ist die Erkenntnis der Ursachen und Bewegungen sowie der verborgenen Kräfte in der Natur und die Erweiterung der menschlichen Herrschaft bis an die Grenzen des überhaupt Möglichen».[4] Als Priester betrachten sie das Universum als ein Werk Gottes. Indem sie die Gesetze der Natur erforschen, kommunizieren sie mit dem Schöpfer, und je mehr es ihnen gelingt, eine zweite Natur zu erzeugen, desto mehr nehmen sie an der göttlichen Allmacht teil.

Bacons Utopie ist ein Vorläufer jenes Typus von Utopien, die als Science-fiction-Romane bezeichnet werden, wie sie zum Beispiel Jules Verne verfasst hat. Bacons Utopie strotzt vor Beschreibungen wissenschaftlicher Erfolge und technischer Erfindungen, von denen die meisten erst dreihundert Jahre später realisiert werden konnten. Bacons Utopie ist damit ein Bindeglied zwischen den klassischen Utopien, die das Resultat einer im Dienst der ethisch-praktischen Vernunft stehenden Phantasie sind, und den modernen Utopien, die sich an der Ausmalung phantastischer Produkte der technisch-instrumentellen Vernunft berauschen. Bei Bacon sind es noch ethische Kriterien, die dem technisch Machbaren Grenzen setzen.

Die von Platon bis Bacon entworfenen Utopien einer unüberbietbar guten Lebensform werden auch *Eutopien* genannt, weil sie auf das Gute (griech. *eu*) im Menschen setzen und davon ausgehen, dass konsequente Erziehung zur Tugend den Hang zum Bösen überwindet und die Menschen zu tauglichen Mitgliedern der Gesellschaft macht. Gerecht kann es darin nur zugehen, wenn das Gleichheitsprinzip in sämtlichen Lebensbereichen strikt angewendet wird, was zum Teil skurrile Massnahmen zur Folge hat. Thomas Morus verfügt in seiner *Utopia,* dass alle die gleiche Ausbildung erhalten, gleich lang arbeiten, abwechselnd in der Stadt und auf dem Land, dass sie die gleichen Kleider tragen, gleiche Wohnungen haben, ihre Mahlzeiten gemeinsam in öffentlichen Speisehäusern einnehmen, kein Privateigentum besitzen, aber zu gleichen Teilen an den gemeinsam erwirtschafteten Gütern partizipieren. Prunk und materielle Werte verachten sie (aus Gold werden z. B. Nachttöpfe hergestellt), aber das Streben nach Glück, sofern es sozial verträglich ist und dem Allgemeinwohl nützt, gilt als erwünscht. So dürfen etwa vor einer Heirat die künftigen Eheleute in einem schicklichen Rahmen einander ausgiebig nackt betrachten und bei Abneigung den vorgesehenen Partner oder die Partnerin ablehnen.

In Campanellas Sonnenstadt hingegen wird eine staatlich gelenkte Fortpflanzungspolitik betrieben: «Grosse und schöne Frauen werden nur mit grossen und tüchtigen Männern verbunden, dicke Frauen mit mageren Männern, damit sie sich in erfolgreicher Weise ausgleichen.»[5] Für die Zeugung von Kindern werden sogar die günstigsten Gestirnkonstellationen berechnet. Die

Ehe als Institution ist abgeschafft, weil sie das private Besitzdenken fördert. Frauen und Kinder sind wie bei Platon Allgemeinbesitz. Auf Bacons Insel wiederum strukturieren Familienverbände (mit bis zu dreissig Kindern) die patriarchale Gemeinschaft, in welcher alle ihren sozialen Rollen entsprechend zum Gelingen des Ganzen beitragen.

Eutopien sind *Ortsutopien,* die vertikale, übergeschichtlich-statische Modelle einer idealen Gesellschaft vorstellen. Deren Stabilität beruht auf der Überzeugung, dass das für alle Gute im Kommunismus besteht, der Verhältnisse schafft, die moralische, ökonomische und soziale Gleichheit garantieren. Wenn niemand mehr in irgendeiner Hinsicht bevorzugt oder benachteiligt wird, ist Gerechtigkeit verwirklicht. Es herrscht Eintracht, da möglichen Konflikten der Stoff entzogen ist. Ein ewiger Friede ist das Resultat.

Im Unterschied zu den Ortsutopien entwickeln die *Zeitutopien* horizontale Modelle, die zukunftsbezogen sind und Endzeitszenarien darstellen. Die wohl folgenreichste Utopie ist die marxistische Antizipation eines Reichs der Freiheit. Karl Marx und Friedrich Engels bevorzugen wie die klassischen Utopisten die kommunistische Lebensform, vertreten jedoch die These, dass diese nicht blosses Ideal bzw. normatives Korrektiv für eine korrupte Praxis ist, sondern über mehrere Zwischenstufen dereinst tatsächlich erreicht wird. Der Kapitalismus der bürgerlichen Gesellschaft, der seinerseits aus bereits ungerechten, nämlich feudalen Verhältnissen hervorgegangen ist, werde sich quasi naturgesetzlich in den Sozialismus verwandeln, sobald die Klasse der Besitzlosen (das «Proletariat») sich in einer Revolution gegen die immer reicher werdenden Eigentümer der Produktionsmittel erhebt und diese enteignet. Die Einebnung der Klassenunterschiede und die Aufhebung des Privateigentums münden in den Kommunismus, der staatliche Regelungen überflüssig macht. «An die Stelle der Regierung über Personen tritt die Verwaltung von Sachen und die Leitung von Produktionsprozessen. Der Staat wird nicht ‹abgeschafft›, *er stirbt ab.*»[6] Der voll realisierte Kommunismus ist das Reich der Freiheit, in welchem sich jedes Individuum entsprechend seinen Fähigkeiten und Neigungen verwirklichen kann und niemand mehr gezwungen ist, für seinen Lebensunterhalt zu arbeiten, da die materielle Basis durch Rationalisierung der Produktion weltweit für alle gesichert ist.

Im 20. Jahrhundert entstand ein neuer Typus von Zeitutopien. Gegen die klassischen Ortsutopien kann man einwenden, dass die geschilderten Verhältnisse aus einem doppelten Grund unrealistisch sind. Zum einen gibt es keine geschichtslosen Orte, an denen unberührt vom Rest der Welt eine ungestörte Entwicklung wie die auf den utopischen Inseln erfolgte vonstatten gehen kann. Zum anderen wurde das Problem des Bösen zu wenig bedacht. Menschen können zwar durch strenge Erziehungsmassnahmen dazu abgerichtet werden, das Gute zu tun, aber der Preis dafür ist die persönliche Freiheit. Das Pendel könnte am Ende umso verheerender in die andere Richtung ausschlagen. Die Zeitutopien des 20. Jahrhunderts sind daher keine Eutopien mehr, sondern *Dystopien* bzw. *Antiutopien.* H. G. Wells hat schon 1888 in *Die Zeitmaschine* ein düsteres Bild der Menschheit im Jahr 802 701 gezeichnet. Das scheinbare Paradies, das der Zeitreisende weit voraus in der Zukunft antrifft, entpuppt sich als ein

Zweiklassensystem, wie es schrecklicher nicht vorstellbar ist. Die idyllischen Zustände, in denen die kindlichen *Eloi* friedlich ihr Leben geniessen, ohne zu arbeiten, sind trügerisch, denn unter der Erde hausen die *Morlocks,* die in riesigen unterirdischen Fabrikhallen alles für die Eloi Lebensnotwendige herstellen. Allerdings verbergen sich unter der Maske der treu sorgenden Arbeiter keine ergebenen Diener, sondern Kannibalen, die sich vom Fleisch der Eloi ernähren. Erschüttert konstatiert der Zeitreisende: «Diese Eloi waren lediglich gemästetes Vieh, das die ameisengleichen Morlocks hüteten und jagten. [...] Sehr angenehm waren ihre Tage, angenehm wie die Tage des Rindviehs auf der Weide. Wie das Vieh kannten sie keine Feinde und trafen keinerlei Vorsorge gegen Nöte. Und ihr Ende war das gleiche.»[7] Der in den Sozialutopien als Ideal ausgegebene Endzustand einer harmonischen, friedlichen Gemeinschaft lässt nach Wells die Menschen stagnieren, was Erschlaffung, Verweichlichung und Degeneration zur Folge hat. So schlägt die Eutopie in eine Dystopie um: Die Menschheit tötet alles Humane in sich ab und vernichtet sich schliesslich selbst.

Dreissig Jahre später (1920) erschien Jewgenij Samjatins Anti-Utopie *Wir*[8], in welcher die Vision eines totalitären Einheitsstaates Gestalt annimmt. Anstelle eines Namens tragen die Menschen Nummern, einen Buchstaben (Konsonanten für Männer, Vokale für Frauen) und eine Zahl. Sie leben in transparenten Wohnungen, stehen zur gleichen Zeit auf und gehen auf die Minute genau ins Bett. Ihre Bedürfnisse und deren Befriedigung werden vom «Wohltäter», einem Vorläufer des «Grossen Bruders» in George Orwells Utopie *1984,* gesteuert und mittels eines Bespitzelungsnetzes rund um die Uhr kontrolliert. Die Liebesgeschichte zwischen dem Ingenieur D-503 und der unangepassten I-330, die mit anderen den Sturz des Wohltäters und die Auflösung des «Einzigen Staates» plant, endet mit der Hinrichtung der Frau, während der für die Konstruktion einer Weltraumrakete unverzichtbare Mann operiert wird: Man entfernt aus seinem Kopf den «Splitter der Phantasie», und er, der aufgehört hatte, «eine Nummer zu sein», sich zum ersten Mal als Individuum begriff und «die jubelnde Stimme der Freiheit»[9] in sich vernahm, mutiert wieder zu einem gehorsamen, seelenlosen Roboter, der fremde Befehle ausführt.

Zwölf Jahre später (1932) griff Aldous Huxley in seiner Anti-Utopie *Schöne neue Welt* viele Motive Samjatins auf und ging noch einen Schritt weiter, indem er der Weltgesellschaft die Befugnis einräumte, ihre Mitglieder nach Bedarf herzustellen und zu entsorgen. Durch chemische Eingriffe in das Erbgut und lebenslange psychologische Normierungsprozeduren wird jedes Kind für die soziale Rolle programmiert, die es im arbeitsteiligen Fünfklassensystem der schönen neuen Welt zu übernehmen hat. Vom Augenblick der Zeugung in der Retorte an bis zu seinem auf das 60. Lebensjahr festgesetzten Tod in einer Sterbeklinik ist der Lebensentwurf jedes einzelnen vorab minutiös geregelt. Niemand wird diskriminiert, ob er nun der Kaste der hochintelligenten Alphas oder der schwachsinnigen Epsilons zugeteilt wird, denn: «Alle Menschen sind chemikalisch-physikalisch gleich.»[10] Und allen gehört alles, wobei sich die Besitzansprüche nicht nur auf Sachen und die frei verfügbare Droge Soma, sondern auch auf die Mitmenschen erstrecken: «Jeder ist seines Nächsten Eigentum.»[11]

Das Perfide der Anti-Utopien besteht darin, dass die Machthaber sich auf ethische Gründe für ihre Eingriffe in die menschliche Natur berufen. Es ist ihnen gelungen, die Ursache für zwischenmenschliche Konflikte zu eliminieren. Nachdem Neid, Habgier und zügelloses Machtstreben zum Krieg aller gegen alle und fast zur Ausrottung der Menschheit geführt hätten, brauchte es nur eine einzige Massnahme, um die Gewalt zu stoppen, stabile Verhältnisse herzustellen und einen dauerhaften Frieden zu schaffen: Es genügte, den Menschen die Freiheit zu nehmen. Freiheit macht unberechenbar, fördert den Individualismus und die Rücksichtslosigkeit gegenüber anderen. Der Preis für soziale Gerechtigkeit ist die persönliche Freiheit. Man muss, wie Huxley sagt, Menschen dazu bringen, «ihr Sklaventum zu lieben.»[12]

Mit dem Aufkommen des Feminismus in der zweiten Hälfte des 20. Jahrhunderts begannen auch Frauen von einer idealen Gesellschaft zu träumen und Utopien zu schreiben, in denen patriarchale Denkschablonen nicht mehr vorkommen. Weit davon entfernt, auf Freiheit zu verzichten, propagieren sie, endlich emanzipiert und tradierter Rollenmuster ledig, ein selbstbestimmtes Leben. Das Männerproblem wird in feministischen Utopien ziemlich radikal gelöst. Schon die Wegbereiterin Charlotte Perkins Gilman hat in ihrer Utopie *Herland* (1915)[13] eine reine Frauengemeinschaft geschildert, die keine Hierarchien und die damit verbundenen Macht- bzw. Herrschaftsansprüche mehr kennt. Um dieses Ziel zu erreichen, wurden im Vorfeld sämtliche Männer getötet, da nicht zu erwarten war, dass sie ihr autoritäres Verhalten und die daraus resultierenden Gewaltpraktiken ablegen würden. Die im Matriarchat noch geborenen Söhne werden so sozialisiert, dass am Ende die Gleichberechtigung der Geschlechter zu etwas Selbstverständlichem wird.

Andere Utopistinnen konstruierten eine Gesellschaft, in welcher sich mit Hilfe von Gentechnologien ein androgyner Menschentyp herausbildet, der biologisch nicht festgelegt ist und sich sowohl als Frau wie als Mann fortpflanzen kann. Auf einer solchen Umkehrung der Geschlechterrollen basieren die Zukunftsromane von Marion Zimmer Bradley, Joanna Russ und Ursula LeGuin.[14] Neben weiblichen Eutopien finden sich aber auch Dystopien, die ein Schreckensszenarium heraufbeschwören. So beschreibt Margaret Atwood in *Der Report der Magd* einen Staat, in dem die Emanzipation kippt und die Frauen mit totalitären Mitteln wieder in die alten Rollenklischees gezwungen werden.[15] In Marlen Haushofers Roman *Die Wand* löscht eine unerklärliche Katastrophe die Menschheit aus. Die überlebende Frau erschiesst den einzigen Mann, der ihr bei der Bewältigung der beschwerlichen Alltagsarbeit hätte helfen und ihre Einsamkeit hätte teilen können, da seine blindwütige Gewalttätigkeit ein einvernehmliches Miteinander verunmöglicht.[16] Die Kriminalschriftstellerin P. D. James schliesslich greift in ihrer Utopie *Im Land der leeren Häuser* das Motiv der aussterbenden Menschheit auf und schildert die mit einem vollständigen Sitten- und Wertezerfall einhergehende Verwahrlosung der Omega-Kinder und den staatlich organisierten kollektiven Selbstmord («Quietus»), zu dem die Generation der pflegebedürftigen Greise gezwungen wird.[17]

Das Wort «Utopie» hat heute vielfach einen abschätzigen Beiklang. Was als utopisch gilt, wird ins Reich der Träume und Illusionen verwiesen, denen jeglicher Realitätsbezug fehlt. Joachim

Fest sprach vom «Ende des utopischen Zeitalters»[18] und kritisierte wie Hans Jonas und Robert Spaemann[19] jeden Versuch, nach dem Scheitern des Sozialismus in den kommunistischen Ländern utopisches Denken wiederzubeleben. Ernst Bloch hingegen hielt an der Unverzichtbarkeit von Utopien für die Zukunftsplanung fest,[20] und Georg Picht plädierte gar für «Mut zur Utopie».[21]

Vielleicht brauchen wir heute weniger Grossutopien. Nicht weil sie zum Scheitern verurteilt sind, denn eine Idee wie soziale Gerechtigkeit kann an der Realität gar nicht scheitern. Gescheitert sind bisherige Umsetzungsprojekte an den Machthabern, die sich durch ihre Position haben korrumpieren lassen und wieder totalitäre Verhältnisse etablierten. Dringlicher als die grossen sind kleine Utopien, die auf die Gefahren der derzeit grassierenden Grossutopie aufmerksam machen, der Utopie des Ökonomismus mitsamt seinem Glücksköder Globalisierung. In vielen kleinen Realutopien gilt es Strategien und Veränderungsvorschläge zu entwickeln, die unserer Zukunft, insbesondere den nach uns kommenden Generationen, eine Chance für ein lebenswertes Leben geben. Eutopien und Dystopien alten Stils tragen jedoch dazu bei, sich Klarheit über das zu verschaffen, was wir als wünschenswert erachten, und was wir auf jeden Fall vermeiden wollen.

1 Thomas Morus: De optimo rei publicae statu, deque nova insula Utopia, Löwen 1516
2 Zum folgenden vgl. Platon: Der Staat, 4.-6. Buch
3 Thomas Morus: Utopia; Tommaso Campanella: Sonnenstaat; Francis Bacon: Neu-Atlantis; alle drei in: Der utopische Staat, hrsg. v. K. J. Heinisch, Reinbek 1960
4 Der utopische Staat, a.a.O., S. 205
5 Ebd., S. 131
6 Friedrich Engels: Die Entwicklung des Sozialismus von der Utopie zur Wissenschaft, MEW 19, 223f.
7 G. H. Wells: Die Zeitmaschine, Zürich 1974, S. 74, 92
8 Jewgenij Samjatin: Wir, Köln 1984
9 Ebd., S. 147, 137
10 Aldous Huxley: Schöne neue Welt, Frankfurt am Main 1978, S. 75
11 Ebd., S. 49
12 Ebd., S. 16
13 Charlotte Perkins Gilman: Herland, Reinbek 1980
14 Marion Zimmer Bradley: Die Matriarchen von Isis, Bergisch Gladbach 1979; Joanna Russ: Planet der Frauen, München 1979; Ursula LeGuin: Winterplanet, München 1994
15 Margaret Atwood: Der Report der Magd, München 1996
16 Marlen Haushofer: Die Wand, Düsseldorf 1983
17 P. D. James: Im Land der leeren Häuser, München 1993
18 Joachim Fest: Der zerstörte Traum. Vom Ende des utopischen Zeitalters, Berlin 1991
19 Hans Jonas: Kritik der Utopie und die Ethik der Verantwortung, in: Das Prinzip Verantwortung, Frankfurt am Main 1979, S. 316-393; Robert Spaemann: Zur Kritik der politischen Utopie, Stuttgart 1977
20 Ernst Bloch: Geist der Utopie, Frankfurt am Main 1973
21 Georg Picht: Mut zur Utopie. Die grossen Zukunftsaufgaben, München 1969

# 20 Fragen an die LeserInnen

Teamwork

Stellen Sie sich einen Tag in 15 Jahren vor. Es ist früher Morgen. Sie öffnen das Fenster ...

1. Wie sieht die Stadt aus, die Sie dann sehen?
2. Welche Wünsche, welche Vision haben Sie für diese Stadt?
3. Finden Sie die Gründe für Ihre Vision in sich selbst oder in den Umständen?
4. Hatten Sie schon einmal eine Vision, die Realität wurde?
5. Liegt das an der Vision oder an der Realität?
6. Was ist heute so, wie Sie es sich vor 15 Jahren nicht hätten vorstellen können?
7. Ist es gut oder schlecht?
8. Stellen Sie sich vor ein Gebäude, das in den letzten 15 Jahren gebaut wurde. Können Sie sich noch erinnern, wie es dort vorher ausgesehen hat?
9. An welchem Ort in der Stadt sehen Sie eine Vorwegnahme der zukünftigen Stadt?
10. Gehört dieser Ort zu Ihren Lieblingsorten?
11. Welche Visionen hatten Sie vor 15 Jahren?
12. Bedauern Sie es, dass Sie heute andere Visionen haben als früher?
13. Sind Sie sich untreu geworden?
14. Interessiert Sie die Zukunft der Stadt auch noch beim Gedanken, dass Sie in 15 Jahren vielleicht tot sind?
15. Wer bevölkert Ihre Vision? Nur Sie selbst? Die Ihnen Nahestehenden? Alle Menschen? Auch die, die Sie nicht ausstehen können?
16. Brauchen Sie Zukunftsvisionen für die Bewältigung des Heute?
17. Wenn ja, als utopisches Idyll oder als konkretes Szenario?
18. Ist Ihnen der Begriff Utopie suspekt?
19. Welchen Faktoren schreiben Sie den grössten Einfluss auf die Zukunft zu? Der technischen Entwicklung? Der Wirtschaft? Der Politik? Der menschlichen Unzulänglichkeit? Anderen?
20. Haben Sie schon einmal einen Baum gepflanzt?

## 19.10.2021

| | | |
|---|---|---|
| 27 | **Ein lebendiges Basel** | Fabienne Krähenbühl |
| 29 | **Bewegtes Basel** | Anni Lanz |
| 31 | **Basel, Tor zur Schweiz** | Christian Vultier |
| 32 | **Gelebte Utopie: Alte Stadtgärtnerei** | Diskussion |
| 33 | **Chillen im Individuellen** | Alexandra Stäheli |

Ich habe immer etwas Angst, eine Utopie hat so etwas Absolutes.
*Anni Lanz*

Mir wäre es noch so recht, man könnte mit einem kleinen Boot, einem Weidling, bis vor die Hasenburg fahren und dort aussteigen und ein paar Läberli essen.
*Christian Vultier*

# Ein lebendiges Basel, keine tote Stadt
Fabienne Krähenbühl (24), Radiojournalistin

Ich bin 24 Jahre alt, in Reinach aufgewachsen, aber sehr früh schon in Basel zur Schule gegangen, in die Minerva. Dadurch habe ich Basel von klein auf recht gut kennengelernt. Etwa vor 4 Jahren bin ich nach Basel in die Schönaustrasse und dann von einer schlimmeren Strasse in die nächste schlimmere Strasse gezogen. Jetzt bin ich in der Steinenvorstadt angelangt, was heutzutage ziemlich gefährlich ist.

2021 bin ich 39 Jahre alt. Was will ich dann, wenn ich aufstehe? Was erwartet mich in dieser Stadt?

Ich will am Morgen aufwachen und Vogelgezwitscher hören. Das habe ich noch nie gehabt, seit ich in dieser Stadt wohne. Das ist meine grosse Sehnsucht. Am schönsten wäre es, wenn die ganze Innenstadt autofrei wäre. Überall Velos, die man einfach nehmen, mit denen man losfahren, die man überall hinstellen kann, um seine Kommissionen in der Stadt zu erledigen, keine Autos, die die Umwelt verpesten, man kann mit den Kindern spielen gehen, ohne dass sie überfahren werden, man kann sich freier bewegen. Das würde auch mehr Familien anziehen, weil die Kinder auf der Strasse spielen können.

Das Zentrum der Stadt ist immer noch so, wie das, was wir heute kennen, aber da es keine Autos mehr gibt, haben die Cafés viel mehr Platz, um rauszustuhlen bis auf die Strasse hinaus, denn es gibt ja auch keine Trottoirs mehr. Dafür mehr Strassencafés, mehr Platz und mehr Bäume, viel mehr Sträucher, mehr Wiesen, auch Parks können von mir aus wieder vergrössert werden. Es könnte auch ein See in der Mitte angelegt werden, da wäre ich noch so froh. Einfach mehr Natur.

Wenn man mehr Chancen hat, draussen zu sein, und sich in einer entspannten Umgebung begegnen kann, geht man auch offener aufeinander zu. Ich habe schon so viele tolle Kontakte geknüpft. Man kann sich ohne Probleme miteinander austauschen und Freude miteinander haben. Je mehr man nach draussen geht und nicht nur im eigenen Haus sitzt, desto mehr kann man auch miteinander anfangen. Man ist nicht mehr so eng eingeschlossen, man ist offener.

Es darf auch lebhaft tönen, aber es gibt für mich einen Unterschied zwischen lebhaft und Lärm. Was ich oft erlebe, ist nicht fröhliches Miteinandersein, sondern Radau. Es wäre schön, wenn es öffentliche Strassen gibt, wo Lokale sind, wo man sagt: Doch, das gehört zum öffentlichen Leben, dort leben die Leute, dort blühen sie auf, da darf man auch mal Krach machen, auch mal ein Konzert veranstalten.

Ich habe mir auch überlegt, was mit der Jugend wird. Zur Zeit gibt es einen Babyboom – was machen diese Kinder mit 15? Was haben die dann? Basketballplätze?

Mein grosser Traum ist: Wenn man schon soviel Platz in der Stadt hat, könnte man einerseits einen grossen Schrottplatz anlegen, z.B. eines der Parkhäuser umnutzen, die man dann nicht mehr braucht, und eine Ecke für Aggressionen lassen. Dort können die Leute Sachen kaputtmachen, Aggressionen rauslassen, können einfach wüten, ich glaube, das wäre wirklich ein Bedürfnis. Und andererseits, wenn die Leute kreativ sein wollen, dass sie wie in offene Ateliers reingehen können, dort betreut werden und anfangen können, schweissen zu lernen, Sachen zusammenzubasteln und so das Mechanische zu lernen, das sie für den Beruf brauchen können, so dass sie sagen: Hey, das hat mir so gut gefallen, ich will Maschinenmech werden. Einfach so, damit sie eine Linie bekommen.

# Bewegtes Basel

Anni Lanz (61), Menschenrechtsaktivistin

Ich bin schon 61 Jahre in Basel und gehöre also zur sesshaften Weltbevölkerung. Aber ich bin auch 8 Jahre in Bern gewesen und habe mir schwer überlegt, in Bern zu bleiben, bin aber doch wieder zurückgekommen.

Ich bin keine Utopistin. In den 70er-Jahren, in den Alternativbewegungen, mussten wir häufig eine Utopie erfinden und sie präsentieren, und ich habe immer gedacht: Oh, hoffentlich wird das nie so, da würde ich nicht reinpassen. Ich habe immer etwas Angst, eine Utopie hat so etwas Absolutes. Wie haben da die verschiedenen Menschen, die auch widersprüchlich sind, noch Platz?

Ich denke schon an die Zukunft und wie es weitergehen soll. Ich möchte einfach eher, dass es sich entwickelt, dass es mehr Mitbestimmung gibt, dass die Leute viel mehr an der Gestaltung dieser Stadt interessiert sind, am politischen Prozess. Dass es Spass macht, an unserer Stadt mitzugestalten, aber dass dabei die Verschiedenartigkeit der Menschen respektiert wird. Es darf nie eine Einheitlichkeit werden. Der Konformitätsdruck, den ich heute so sehr spüre, der sollte überwunden werden. Wenn es um Integrationsdebatten geht, habe ich immer das Gefühl: Jetzt muss man so und so werden, ganz bestimmte Werte hochhalten, das ist für mich ein Horror.

Ich möchte, dass alle mitbestimmen können, dass es selbstverständlich auch politische Mitbestimmung gibt, unabhängig von der Herkunft. Alle, die in dieser Stadt wohnen und leben und ihren Schwerpunkt haben, sollen politisch mitbestimmen können – eine wichtige Voraussetzung.

Und dann möchte ich, dass sich der exzessive Individualismus wieder auflöst, dass sich nicht alle nur um ihr Wohlbefinden und ihre kleinen Sorgen kümmern, sondern dass man auch Lust hat, wieder etwas zusammen zu machen, auch zusammen Konflikte zu lösen. Konflikte finde ich sehr interessant, da könnte man noch einige Kompetenzen entwickeln, wie man miteinander streiten und Konflikte lösen kann.

Ich möchte auch, dass die Einschüchterung aufhört, die manchmal stattfindet. Das hängt mit diesem Individualismus zusammen. Alle haben Angst, dass sie daneben fallen oder plötzlich nicht mehr dazugehören, und man wird auch immer so ein bisschen benotet. Ich möchte, dass man wieder etwas mutiger wird, dass man sich auch wieder getraut, etwas zu sagen, das völlig quer liegt, das nicht gerade in die politische Landschaft passt, dass man auch unbequeme Sachen öffentlich sagt und auch mal Sachen macht, die Anstoss erregen.

Das sind so die Rahmenbedingungen für eine Gesellschaft, die vielleicht auch besser aushandeln kann, was denn eine gerechtere Gesellschaft ist, in der alle ihre Chancen haben.

Ich glaube nicht an eine gerechte Gesellschaft, eine gerechte Gesellschaft ist für mich fast eine Diktatur. Aber es muss immer eine Auseinandersetzung stattfinden. Wie könnte es gerechter sein als bisher und wie könnte grössere Chancengleichheit hergestellt werden? Für mich ist das in Bewegung.

Am 19. Oktober 2021, da hoffe ich, dass ich dann irgendwie noch an einem Aufstand der Pensionierten dabei bin, wenn die AHV wieder gekürzt wurde, dass man sich dann auch wehrt und die Auseinandersetzungen offen führt.

# Basel, Tor zur Schweiz

Christian Vultier (50), Geschäftsführer der Basler Personenschifffahrts-Gesellschaft (BPG)

Ich bin 50 Jahre alt oder jung, bin in Basel geboren, aufgewachsen und zur Schule gegangen, bin aber bis vor 5, 6 Jahren 15 Jahre von Basel weg gewesen, 12 im Berner Oberland, 3 in Zürich, jetzt wieder seit 6 Jahren zurück in Basel und wohne mitten in der Stadt an einem schönen Ort, am Rheinsprung.

Wenn ich im Jahr 2021 von Strassburg her den Rhein heraufkomme, wird links und rechts den Rhein entlang eine Flaniermeile zu sehen sein, die wesentlich breiter ist als heute. Auf beiden Seiten spielt sich eine multikulturelle Szene ab, die bis nach Rheinfelden hochgeht. Das würde bedeuten, dass wir ein Basel haben, das fast einen mediterranen Charakter bekommt, wo sich ein öffentliches Leben rund um das Wichtigste in dieser Stadt, nämlich den Fluss, bildet. Das wird immer wieder vergessen: Basel ist eigentlich eine Stadt, die einen Fluss hat, aber der Fluss hat hier so wenig Bedeutung. Es passiert nicht viel am Rhein, und dort, wo etwas passieren sollte, reklamieren 200, 300 Anwohner, und man muss 20 Jahre lang rekurieren, damit Musik gemacht werden darf.

Man sollte grosse Tische vom Dreiländereck bis hinauf nach Rheinfelden rausstuhlen können, wo sich Kulturen bilden und untereinander mischen können, und wo man einfach zusammen sein und es gemütlich haben kann. Mir ist aufgefallen, dass der Basler schweizweit der Einzige und der Erste ist, der beim kleinsten Sonnenstrahl sofort draussen sitzt, und der, der am längsten, wenn's schon bitter kalt ist, mit einer Kappe und einem Schal immer noch draussen sitzt. Das gibt es in der ganzen Schweiz nirgendwo. Darum fände ich es wunderbar, wenn man auf diesen zwei Seiten dem schönen Rhein Leben einhaucht, am Wasser, weil Wasser etwas Bewegendes ist, etwas Fliessendes und Verbindendes.

Ich könnte mir auch ein retrospektives Basel vorstellen, wo man sogar wieder Sachen freilegt, der Birsig, der durch die Stadt fliesst, ist so ein Thema. Wenn wirs schon vom Wasser haben – Sie merken schon, ich habs mit dem Wasser –, wärs mir noch so recht, man könnte mit einem kleinen Boot, einem Weidling, bis vor die Hasenburg fahren und dort aussteigen und ein paar Läberli essen. Ich stelle mir eine Stadt vor, die einen lebendigen Charakter hat, in der das Wasser eine zentrale Rolle spielt, wo etwas abgeht. Basel als eine offene multikulturelle Beiz mit Musik, wo die Leute draussen sind und es gut zusammen haben.

2021 gibt es in Kleinbasel und Grossbasel viel mehr Anlegestationen, je vier, fünf oder sechs. An der Schiffländi muss man nicht bis zur Mauer gehen, damit man überhaupt sieht, dass ein Schiff dort unten liegt, weil die Schiffe dort auf Augenhöhe sind. Es gibt viele kleinere Boote, in denen zehn, fünfzehn Leute Platz haben, aber auch sehr grosse Schiffe, auf denen man Veranstaltungen machen kann. Weg von irgendwelchen Privatyachten, hin zu einem öffentlichen Raum, von dem alle etwas haben. Es könnte auch Magnetboote geben, ohne Kapitän, für 20 Leute, Boote, die automatisch hin- und herfahren.

Und am Dreiländereck stelle ich mir einen grossen Leuchtturm vor, als Eingang zur Stadt, der den Leuten sagt: Kommt herein, hier sind wir, wir sind bereit für euch! Platz wäre genug, der würde auch sehr gut zum Hafenleben passen. Das Ganze wäre für mich der zentrale Eingangspunkt des grossen, lebendigen Basel.

## Gelebte Utopie: Alte Stadtgärtnerei
*Diskussion*

**Anni Lanz:** Mir ist die alte Stadtgärtnerei in den Sinn gekommen. Das ist etwa 25 Jahre her. Diese alte Stadtgärtnerei ist wunderschön gewesen, Glashäuser und Wildwuchs, ein Raum, der noch nicht durchstrukturiert war. Wir wollten dort etwas entstehen lassen, nicht mit einem fertigen Konzept, sondern es musste wachsen können. Die Leute, die das genutzt haben, konnten mitgestalten. Es gab nie ein Programm in der Stadtgärtnerei, aber wenn man da hingegangen ist, ist immer irgendetwas passiert, irgendeine Video-Installation, oder jemand hat Theater gespielt, oder jemand hat gekocht. So etwas habe ich nachher nie mehr in dieser Stadt erlebt. Es immer alles schon geplant und bis ins letzte Detail vorprogrammiert. Dass man irgendwo hingeht ohne Programm, das kommt fast nirgendwo vor.

Ich glaube, das hat wahnsinnige Angst ausgelöst. Wir waren ja Chaoten, haben kein richtiges Konzept gehabt, und das konnte man nicht kontrollieren. Es hätte ja wer weiss was daraus entstehen können. Wenn man probiert, so etwas zu realisieren, dann geht das in Richtung Utopie. Davor hat man Angst, man will immer alles unter Kontrolle haben.

**Christian Vultier:** Das ist meine Jugendzeit gewesen in dieser Stadtgärtnerei. Da hab ich auch ein paar Videoproduktionen gesehen und manchmal etwas gegessen, von dem ich nicht wusste, was es war, aber das ist meinem Magen eigentlich nie schlecht bekommen.

Dann wurde der Riegel geschoben von den Leuten, die, wie Sie gesagt haben, Angst hatten, dass das Ausmasse annimmt, die man nicht mehr kontrollieren kann. Ich denke, wenn man jetzt sagen würde: Macht, was ihr wollt links und rechts vom Rheinbord!, würde es wahrscheinlich auch nicht sehr gut laufen. Das müsste man natürlich schon ein bisschen kanalisieren.

# Chillen im Individuellen
*1968 und die Folgen oder Vom Tod der Utopie im träumerischen Selbstgenuss*
Alexandra Stäheli

Vielleicht hat ihre (Selbst-)Mystifizierung tatsächlich lange schon zu einer Mumifizierung geführt, einer weihevollen Einbalsamierung im Öl des Unwiederbringlichen. Für die Nachgeborenen jedenfalls bleiben die 68er, egal wie engagiert, politisch bewegt oder von der Revolte vollkommen unberührt die einzelnen ProtagonistInnen letztlich gewesen sein mögen, eine Generation, die noch eine Vision für eine bessere Zukunft hatte, einen scheinbar mit viel Enthusiasmus und nur wenig Kraftaufwand realisierbaren Traum von einer sozialeren Gesellschaft. Das Ende der revoltenreichen 60er-Jahre haben die späteren, abgeklärteren Generationen X, Y und Z (ungläubig, verachtend und voller Neid) immer als eine Zeit unendlicher Machbarkeit vermittelt bekommen – und als eine Zeit, in der das Wünschen noch geholfen hat.

Man kann jenen Funken, der nach den Studentenunruhen in Paris rund um den Erdball eine Stadt nach der anderen erfasst und entflammt hatte, als eine der letzten grossen Utopien des westlichen Denkens, ja der westlichen Seinsweise überhaupt bezeichnen, wenn man den Begriff der Utopie als eine von ideologischen Elementen durchsetzte Vision der Umwertung aller bestehenden Werte verstehen möchte, die von einem grösseren Teil der Gesellschaft getragen wird und in irgendeiner Form dem Allgemeinwohl zugutekommen soll. Das Beben dieses utopischen Aufbruchs fand in Paris – von wo aus die Bewegung nach Berlin, San Francisco und, nun ja, auch nach Basel ausstrahlte – sein Epizentrum in einer politisch geprägten Intelligenzija und ihren theoretischen Debatten, die den Verlauf wie auch die Folgen der Revolution entscheidend bestimmt hatten. Ich möchte im Folgenden in knappen Linien einige dieser theoretischen Gedanken nachzeichnen, die als Motor für die Pariser Studentenunruhen funktionierten – und deren Keime, so meine These, bis heute nachwirken, ja deren damals noch ungekannte Wucht sich eigentlich erst heute so richtig deutlich entfaltet.

Schon bevor die Studenten im heissen Mai '68 die Pariser Strassen in den Ausnahmezustand versetzen, hat sich in den ersten kleinen Protesten angekündigt, dass – woran die Bewegung letztlich ja auch scheitern sollte – längst nicht alle Revoltierenden die gleichen Ideen davon haben, was sie gerade tun wollen und wozu. Während die Studierenden zunächst einmal nur für eine Zerschlagung der verkrusteten Universitätsstrukturen eintreten, haben die bald in die Revolte einstimmenden linken Gruppierungen sehr viel genauere Vorstellungen davon, was geschehen würde, wenn der Staat durch die anhaltenden Proteste tatsächlich ins Wanken geraten sollte; das Problem ist nur, dass das linke Lager im Frankreich der 60er-Jahre in unzählige Splittergruppen zerstreut ist, die die Revolution aller Verhältnisse in ihrer je eigenen Weise (à la façon maoiste, trotzkiste, leniniste etc.) durchführen wollen. Gleichwohl scheint die Utopie einer irgendwie auf sozialistischen Grundsätzen basierenden Gesellschaft während kurzer Zeit in einer flirrenden Fata Morgana wie eine Zeitverzögerung über den Strassen von Paris zu hängen, greifbar und plastisch – und dies nicht zuletzt deshalb, weil der Gegner für sämtliche am Aufstand Beteiligten deutlich erkennbar bleibt. Man ist sich, wie in unseren Breitengraden später kaum mehr jemals, über den Zustand einig, der verändert oder verlassen werden soll: Der Topos, der Ort, von dem aus man zum Nicht-Ort (U-topos) einer besseren Zukunft aufbrechen möchte, ist das bestehende kapitalistische Gesellschaftssystem, das die Menschen mit seinen Prinzipien des Mehrwerts und der Gewinnmaximierung aushöhlt und sie zu gefühllosen, konformistischen und konsumierenden Aliens macht.

Die entsprechende theoretische Grundlage zur Formulierung dieses ökonomischen Topos' (und seines Utopos') liefern dabei – im Übrigen auch noch, als die Traumblase von der Revolution schon geplatzt ist – nicht nur Marx' «Kapital», sondern auch die Schriften von Marcuse, Horkheimer und Adorno sowie, vor allem in Frankreich, von Michel Foucault, Jean Baudrillard, Deleuze/Guattari und Jean-François Lyotard. Mit Ausnahme von Foucault verstehen dabei sämtliche für die 68er-Ereignisse entscheidenden Referenz-Theoretiker den Kapitalismus – etwas sehr knapp zusammengefasst – als eine Art totalitäre Fabrik, die im Akkord und in allen Bereichen der Gesellschaft letztlich Identisches, ewig Gleiches, Nicht-Differentes hervorbringt: Damit die ununterbrochen produzierten und auf den Markt gespuckten Waren vom Verbraucher reflexionslos konsumiert werden können, müssen sie, so formuliert etwa Lyotard in Anlehnung an Adorno, einen hohen Grad an Wiedererkennbarkeit aufweisen und in ihrer spezifischen Aussage sofort identifizierbar sein. Der Kapitalismus bewirkt so eine Schematisierung und Typisierung der Objekte und letztlich der Welt, indem er ganz genau festlegt, wie gewisse Dinge – ein typisches Auto etwa und die neuste Version des typischen Autos etc. – auszusehen haben. Zugleich aber bewirkt das kapitalistische System auch, so Lyotard, eine Gleichmachung von Subjekt und Objekt, von Mensch und Ding, beziehungsweise eine Verdinglichung des Menschen (und umgekehrt). In seinem Aufsatz «Bemerkungen über die Wiederkehr und das Kapital», der im schockhaften Lähmungszustand nach der verlorenen Revolution entstanden ist, hält Lyotard fest:

> Auf der einen Seite ist das Kapital Produktion als Konsumtion, Konsumtion als Produktion, d.h. *Metamorphose* ohne Zweck und Ziel. Diese Metamorphose operiert zunächst als Auflösung *überkommener*, vorkapitalistischer Institutionen, dann aber auch als Selbstauflösung, fortwährendes Niederreissen und Ausbessern der eigenen Institutionen. (...) Das Kapital lehrt uns, dass die Metamorphose von Dingen in Menschen, von Menschen in Dinge, von Produktion in Produktionsmittel und umgekehrt unbegrenzt ist. (...) Insofern die Moderne die Bewegung einer solchen Auflösung ist, zeugt sie von einer tiefgründigen *Affirmation*. (...) Auf der anderen Seite ist das Kapital Depression, Nihilismus, der Gipfel der Theologie. Nicht weil es bereits zerstörte Vorstellungen (...) und Institutionen wiedereinführt. (...) Es führt nichts wieder ein, doch es beruht selbst auf dem Wertgesetz, d.h. auf einer Gleichheit der im Spiel befindlichen Teile jeder Metamorphose: Arbeitskraft – Ware, Ware – Geld, Geld – Ware. Diese Gleichheit ist

es, die das Erscheinen der Objekte und Subjekte als Repräsentanten im Spiel der Wiederkehr konstituiert.[1]

Es ist dieses fast schon Orwell'sche Konzept einer beängstigenden, betäubenden Gleichschaltung der Gesellschaft, gegen das die Revoltierenden aufbegehren, indem sie die Fantasie an die Macht haben und Spontaneität regieren lassen wollen. Sie verstehen sich dabei selbst als lebendiges Gegenstück zur einfrierenden Gleichmachungsmaschinerie des Kapitalismus, als das Andere, Differente, Nicht-Identische; als irreduzible Singularität, als radikale, mit nichts und niemandem gleichzusetzende, von nichts und niemandem zu repräsentierende Individuen. Wenn Daniel Cohn-Bendit in einem Gespräch mit Jean-Paul Sartre als Qualität der Studentenbewegung die Spontaneität und Desorganisation hervorhebt, dann sind seine Worte genau auf diesem Hintergrund eines totalitären Kapitalismusverständnis' zu lesen, aus dem heraus die Studenten eine Flucht ins Individuelle ergreifen – in eine Zone des Selbst, auf die die Mechanismen der Gleichschaltung keinen Zugriff mehr haben:

> Die aktive Minderheit, die besser geschult und vorbereitet war, hat die Explosion auslösen und eine Bresche schlagen können (...). Die Stärke unserer Bewegung liegt (...) gerade darin, dass sie sich auf eine ‹unkontrollierte› Spontaneität stützt, dass sie Impulse gibt, ohne die Aktionen, die sie ausgelöst hat, kanalisieren und für sich ausbeuten zu wollen. (...) Die einzige Chance der Bewegung liegt gerade in dieser Spontaneität, bei der sich die Leute frei aussprechen können und die zu einer Art Selbstverwaltung führen kann.[2]

Auch der Philosoph Jean-François Lyotard, der seine Politisierung in der von Cornelius Castoriadis gegründeten trotzkistischen Splittergruppe «Socialisme ou barbarie» erfahren hatte, entwickelt während und nach den Studentenunruhen ein Denken des Singulären, das sich in der Nähe von Adornos (utopistischer) Theorie der Kunst bewegt. Ähnlich wie Deleuze und Guattari in ihrem viel diskutierten Post-68er-Manifest «Anti-Oedipus» entwirft Lyotard das Bild eines von Energien, Trieben und Strömen durchzogenen Gesellschaftskörpers, in dem es punktuell Inseln von grosser Intensität geben muss, die sich gerade in ihrer energetischen Spezifität und Individualität jeglicher kapitalistischen Gleichmacherei entziehen:

> Viel wichtiger als der politische Linksradikalismus, viel enger mit einer Politik der Intensitäten verbunden: eine ungeheure unterirdische Bewegung, noch zögernd, eher noch eine Unruhe. Sie entzieht dem Wertgesetz die Affekte. Bremsen der Produktion, Konsumverweigerung, ‹Arbeits›-verweigerungen (...), Kommunen, Happenings, Bewegung zur sexuellen Befreiung, Fabrik- und Hausbesetzungen, Entführungen, Produktion von Tönen, Worten, Farben ohne ‹Werkintentionen›. Das sind die ‹Menschen der

Steigerung› (...): Aussenseiter, experimentierende Maler, Popkünstler, Hippies und Yippies, Parasiten, Verrückte, Eingesperrte. Eine Stunde ihres Lebens enthält mehr an Intensität (...) als tausend Worte eines Berufsphilosophen.[3]

Was sich hier in diesem unglaublich kitschigen Pathos auf das Andere, Asoziale, Undenkbare und Experimentelle ankündigt, ist das viel geschmähte Denken der Postmoderne, das, zumindest was seine tiefsten Wurzeln in der französischen Theoriegeschichte betrifft, ein Kind der 68er-Ereignisse ist: Denn es erblickt das Licht des akademischen Diskurses als ein Denken der Individualität und der Pluralität aufgrund der Erfahrungen und Diskussionen um den Mai 1968. Wenn Jean-François Lyotard mit seinem 1979 erscheinenden Buch «La condition postmoderne» den Begriff der Postmoderne von der Architektur in die Philosophie übernimmt und damit wohl eine der letzten grossen, nationenübergreifenden Debatten unter Geisteswissenschaftlern auslöst, dann prägt er damit nur das (oft strategisch missverstandene) Etikett für ein Lebensgefühl, das mit aller utopistischen (oder eskapistischen) Fluchtenergie versuchte, einer spezifischen Konzeption von Kapitalismus zu widerstehen.

Das Denken der Postmoderne also, könnte man etwas salopp zusammenfassen, brachte in den 70er-Jahren eine Befreiung aus den Zwängen eines gleichmacherischen Systems – und die nachhaltige Herstellung eines blühenden, kreativen Individualismus. Dies wäre also die Geschichte eines Siegs trotz verlorener Revolution.

Doch man könnte nun fragen, wie realistisch, wie umsetzbar die Kapitalismustheorien waren, mit denen die politischen Gruppen und engagierten Intellektuellen damals operierten. Als Nicht-Ökonomin kann ich diese Frage nicht aus wirtschaftshistorischer Perspektive beantworten, doch möchte ich, zusammen mit Claudius Seidl,[4] die Gedanken eines anderen, etwas aussenseiterischen postmodernen Denkers beiziehen, um noch einen zweiten Fokus auf die Ereignisse um '68 zu legen.

Wie Michel Foucault in seinen Thesen zur «Biomacht» als Strategie der Selbstdiziplinierung des modernen Subjekts verschiedentlich ausgeführt hat, sind seit der Aufklärung die Techniken der Macht, des Marktes und der Subjektivität aufs Engste miteinander verschweisst. Dies bedeutet, dass der ökonomisch-technische Fortschritt auf Menschen angewiesen ist, die sich zu Individuen herausbilden, auf eigenmächtig handelnde Subjekte also, die sich selbst beobachten und klassifizieren, ihre Wünsche und Begehren kennen und dadurch auch ihre Identität nach scheinbar selbst erschaffenen Kriterien entwerfen. Der Kapitalismus braucht einen sich permanent feiner ausformenden, weiter verzweigenden Individualismus, um seine Maschinerie des Mehrwerts in Gang halten zu können. So mag es denn vielleicht als eine böse Ironie der Geschichte erscheinen, dass gerade die 68er-Revolution mit ihrer Forderung nach Selbstbestimmung, Selbstentfaltung sowie nach der gesellschaftlichen Akzeptanz einer radikalen Singularität aller Bürger dafür gesorgt hat, dass sich der stagnierten westlichen Wirtschaft langsam wieder neue Märkte erschlossen.

Oder anders formuliert könnte man sagen, dass der Kapitalismus die «Befreiung» der Individuen und vor allem auch der Frauen zu seiner Weiterentwicklung dringend gebraucht hat: Die 70er- und 80er-Jahre schwemmten in jederlei Hinsicht eine bis dahin nie gesehene Pluralität an Moden, Stilen, Methoden, Wahrheiten und Theorien an die Oberfläche der Gesellschaft. Als es schliesslich nicht mehr rentabel war, dass sich jeder westliche Mensch seine eigene Identität, seinen eigenen, unverkennbaren Lebensstil kreierte, institutionalisierte der Neoliberalismus in den frühen 90er-Jahren den flexiblen Menschen[5], der immer ein Vielfaches an Identitäten und Stilen, an Zielen und Potenzialen zugleich bereitzuhalten hat – der Ich-AG sein muss, Selbst-Versorger, -Manager, -Therapeut und -Designer in Personalunion.

Von welcher Perspektive her man die Geschichte auch immer erzählen möchte – ihr Ende bleibt sich gleich: Die schwer erkämpfte oder aus kapitalistischer Notwendigkeit gebilligte Freiheit der 68er hat letztlich zu einem vollkommen entfesselten und durchökonomisierten Individualismus – um nicht zu sagen Solipsismus (zur völligen Ichbezogenheit) – geführt, zu einem ununterbrochen laufenden Mechanismus der Selbstausleuchtung und Selbstdefinition, der den von den 68ern angeprangerten Zwang zum Konsum um eine entscheidende Windung weitergedreht hat: zum Selbstkonsum. Das Zeitalter nach der Postmoderne gehört einem gesellschaftlich und wirtschaftlich stets enger geschraubten Narzissmus, der sich gegenwärtig in Bezug auf die Individuen in einer kreativen Arbeits- und Lebensgestaltung zeigt, die ein ständiges Sich-Selbst-Erfinden und -Verkaufen verlangt (Andy Warhols berühmtes Diktum, dass in Zukunft jeder einmal 15 Minuten berühmt werden wird, ist so längst schon zur Jedermann-Soap verkommen). Auf der Seite des Marktes hingegen zeigt sich der selbstreflexive Charakter des narzisstischen Zeitalters in einer sich stets diversifizierenden «user-specifity»: Um die in Tausende von Persönlichkeiten und Interessengruppen zersplitterten Konsumenten noch erreichen und beeinflussen zu können, sondieren grössere Firmen inzwischen mittels Neuromarketing die unbewussten Wünsche und geheimen Vorlieben möglicher Kunden, noch bevor diese selbst sie kennen, um sie ihnen dann in Form fertiger Produkte zu präsentieren. Was mein Unbewusstes heute an Farbe, Form und Geschmack bevorzugt, ist mir morgen schon als Objekt verfügbar, das ich kaufe, weil es bei genauerem Betrachten justament dem entspricht, was ich unwissentlich immer schon haben wollte. Die Dinge verlieren so allmählich ihren klassischen Charakter als einem Subjekt entgegenstehende Ob-jekte, als Gegen-stände, um zunehmend zu einem Spiegelbild und einer Instant-Befriedigung subjektiver Befindlichkeiten und Miniwünsche zu werden.

Eine ontologische – und vielleicht sogar auch eine kognitive[6] – Konsequenz dieser beschriebenen Entwicklungen besteht nun unbestreitbar in einem Verlust jeglicher Utopien. Denn all die kleinen persönlichen Projekte, all die auf das kleine Glück zielenden Träume und Hoffnungen einzelner Menschen können zwar ökonomisch jederzeit in Waren und Geld umgesetzt werden, besitzen aber kaum mehr einen ideellen Wert für eine grössere Gemeinschaft. Ausser einem stillen Einverständnis im gleichzeitigen Konsumieren spezifischer Waren gibt es für verschiedene Teile der Bevölkerung keinen Grund (mehr), einen irgendwie geistigen Konsens oder auch nur einen Austausch über die Zeichen unserer Zeit zu finden. Peter Sloterdijk hat diesen sozial beinahe erstarrten Zustand einer «ko-isolierten Existenz» in seiner bitterbös-abgründigen «Sphären»-Trilogie mit der Metapher des «Verwöhntreibhauses» beschrieben, in dem die Absicherung des eigenen Wohlbefindens auf Kosten der Formen von direkter menschlicher Solidarität geschieht.[7]

So könnte man nun abschliessend etwas polemisch zugespitzt formulieren, dass das vitale Ausleben der letzten Utopie zur Abschaffung jeglichen Utopismus' beigetragen hat. Auch wenn Basel damals nur am Rande vom Feuer der Umwälzung gestreift worden war,[8] ist die Stadt heute, wie die meisten westlichen Regionen, von den ungeplanten Folgen der 68er-Revolten geprägt. Meine Utopie für Basel – wie auch für andere, vor allem westliche Gemeinschaften – wäre in diesem Sinne: dass es wieder einmal eine gibt. Denn über allem Individualismus scheinen wir manchmal zu vergessen, dass wir *auch* in einer globalisierten Welt leben, die uns vor globale Themen und Probleme stellt – wie etwa Klimaschutz oder abnehmende Erdölreserven –, welche nur mit einer vielleicht kleinen, aber geteilten Vision angegangen werden können.

---

1 Jean-François Lyotard: Bemerkungen über die Wiederkehr und das Kapital. In: Ders.: Intensitäten. Berlin: Merve 1978, S. 20ff.
2 Daniel Cohn-Bendit, zitiert in: Hervé Bourges (Hg.): J. Sauvageot, A. Geismar, D. Cohn-Bendit, Aufstand in Paris oder Ist in Frankreich eine Revolution möglich? Reinbek bei Hamburg: Rowohlt 1968, S 77.
3 Jean-François Lyotard: Bemerkungen über die Wiederkehr und das Kapital. In: Ders.: Intensitäten. Berlin: Merve 1978, S. 32.
4 Ich beziehe mich lose auf Claudius Seidls provokanten Essay «Unter dem Pflaster liegt der Zaster», der anlässlich des 30. Geburtstags der 68er-Revolution erschienen ist. Seidl ist etwa der Meinung, dass die Studenten damals «einen Job (verrichteten), den der Kapitalismus selber nicht hätte besser erledigen können». Claudius Seidl: Unter dem Pflaster liegt der Zaster, in: Süddeutsche Zeitung vom 2./3. Mai 1998, S. 13.
5 Und dieser flexible Mensch, so hat uns Richard Sennett in seinem gleichnamigen Buch unmissverständlich nahe gebracht, ist nicht unbedingt ein glücklicher Mensch. Vgl. dazu: Richard Sennett: Der flexible Mensch. Die Kultur des neuen Kapitalismus. Berlin: Btv 2006.
6 Vgl. dazu etwa die Schriften des Neurobiologen Gerald Hüther, der den menschlichen Fortschritt unter dem Aspekt kognitiver «innerer Bilder» untersucht hat und zum Schluss kommt: «Eine neue gemeinsame Vision, ein neues Welt-, Feind- oder Menschenbild kann eine menschliche Gemeinschaft nur dann entwickeln und als kollektives Bild verbreiten, wenn es mit all dem vereinbar ist, was die Mitglieder dieser Gemeinschaft bisher zusammengehalten und ihnen eine gemeinsame Orientierung geboten hat.» Gerald Hüther: Die Macht der inneren Bilder. Wie Visionen das Gehirn, den Menschen und die Welt verändern. Göttingen: Vandenhoeck & Ruprecht 2006, S. 110.
7 Vgl. dazu Peter Sloterdijk: Sphären I-III. Frankfurt a.M.: Suhrkamp 2004.
8 Es ist meines Wissens bis heute nicht wirklich untersucht worden, weshalb die Schweiz damals nur von vergleichsweise wenigen und eher harmlosen Revolten gestreift wurde. Ein Grund mag sicher im Fehlen der vor allem für die deutschen 68er wichtigen Kriegs- und Nazivergangenheit der Elterngeneration liegen. Ein anderer vielleicht darin, dass man sich hierzulande schon lange an die geistige Enge gewöhnt hatte ...?

## 16.11.2021

| | | |
|---|---|---|
| 42 | **Drei Tage ist man Gast** | Cihan Altay |
| 44 | **Basel ist morgen – Ein Rückblick** | Conradin Cramer |
| 47 | **Small is beautiful** | Barbara Buser |
| 50 | **Die fidelen Tropen** | Michel Mettler |

Integration ist mehr als nur Deutsch lernen oder Gesetze, es geht um die Lebensentscheidung, wo ich zu Hause bin.
*Cihan Altay*

Ich wünsche mir immer, ein Bauwerk pro Jahr sprengen zu dürfen.
*Barbara Buser*

# Drei Tage ist man Gast

Cihan Altay (47), Berufsberater

Ich bin mit 24 aus der Osttürkei in die Schweiz gekommen. Acht Jahre habe ich in Pratteln gewohnt, war aber fast jeden Tag in Basel. Basel ist meine Heimat geworden, nicht meine Zweitheimat, sondern wirklich meine Heimat. Seit 1991 wohne ich auch in der Stadt und fühle mich hier sehr wohl.

Ich stelle mir vor, dass es 2021 in ganz Basel Quartierzentren gibt, und dass die Menschen, die dort wohnen, einander begegnen. Zum Beispiel zum z' Morge, oder es gibt Folklore, Musik und Tänze, die Menschen bringen ihren kulturellen Hintergrund mit, ihre traditionellen Speisen. Man geniesst gegenseitig die Spezialitäten der anderen, kommt ins Gespräch, respektiert und akzeptiert einander. Wenn ich mit meinem Nachbarn gut lebe, wenn ich weiss, wer er ist, wenn ich ihn kenne, dann habe ich auch keine Angst vor ihm. So wie im Quartier ist es auch in einem Haus. Man hat keine Ahnung voneinander und lebt aneinander vorbei. Wenn man einander aber kennt, sieht es gleich ganz anders aus.

Das Union, wo Kultur nicht nur für Migranten, sondern auch mit Migranten gemacht wird, ist ein gutes Modell dafür. Allerdings wird auch dort alles von aussen gesteuert. Im Davidsbodenquartier gibt es das Davidseck. Da gibt es schon Leute, die gern möchten, dass es belebt wird, aber es ist noch nicht selbstverständlich, dass man sich dort begegnet, es muss von irgend jemandem organisiert werden.

Ich möchte aber, dass es eine Selbstverständlichkeit wird, dass man hingeht. Ich habe so etwas zum Beispiel in Argentinien, in einem armenischen Kulturzentrum, gesehen. Das hat mich sehr beeindruckt. Alle waren da. Es gab Salsakurse, Tangokurse und solche für armenischen Tanz oder argentinischen Folkloretanz, jemand hat ein Buch vorgestellt, und ich hatte nicht das Gefühl, dass da eine Riesenorganisation war. Das waren einfach Leute, die sich ganz selbstverständlich dort bewegten.

Finanziell sollte so ein Treffpunkt unabhängig sein. Die Finanzierung ist oft eine Hürde, muss es aber nicht sein. Jeder kann seinen Anteil beitragen. Wenn es ein Kulturgut für alle ist, dann ist das Finanzielle kein Thema mehr. Wir bringen unser Kulturgut und tragen dazu bei, und was dadurch erwirtschaftet wird, deckt auch das Finanzielle. Ich will gar nicht, dass das von der Stadt subventioniert wird.

Auch Integration muss eine Selbstverständlichkeit werden. Wenn wir alle das Gefühl haben, wir sind in Basel zu Hause, funktioniert das auch.

Viele Migrantinnen und Migranten leben seit dreissig Jahren in der Schweiz, träumen aber von ihren Heimatländern, Italiener, Spanier, Türken, Jugoslawen, was auch immer. Sie denken, wenn ich fünf Jahre hier arbeite, verdiene ich Geld, dann kaufe ich mir ein Haus in meiner Heimat und mache einen Laden auf. Aber sie werden nie mehr zurückgehen, denn das geht nicht. Denn wenn sie es tun, dann sind sie auch in ihrer Heimat nur Ausländer. In der Türkei sagt man dann Deutschländer, weil sie aus den deutschsprachigen Ländern kommen. Diese Menschen haben grosse Schwierigkeiten, sich in der Gesellschaft wieder zu integrieren, weil die Normen anders sind. Die Busse kommen nicht pünktlich, die Trams oder die Züge fahren nicht so wie in der Schweiz, oder die Strassen werden nicht jeden Tag geputzt, und es regnet auch nicht so viel.

Wenn man aber sagt: Ich fühle mich hier in der Schweiz, in Basel zu Hause, dann bleibt mir gar nichts anderes übrig, als meine Aufgaben zu übernehmen. Die kann ich nicht an andere delegieren, so wie ich bei mir zu Hause selber staubsaugen oder putzen oder waschen oder was auch immer muss. Dann beteilige ich mich auch in den Zentren, etwa wenn es ums Kochen geht, um Organisation oder um das kulturelle Programm. Jeder wird dort seine Stärken als Ressourcen nutzen und da auch etwas umsetzen können.

Integration ist mehr als nur Deutsch lernen oder Gesetze, es geht um die Lebensentscheidung, wo ich zu Hause bin. Wenn ich zu Hause bin, dann will ich ja auch nicht, dass es versaut wird, sondern ich achte darauf, dass es gepflegt ist. Die Menschen sollen sich bei mir zu Hause wohl fühlen und ich mich umgekehrt auch. Wenn ich davon ausgehe, dann sind diese Quartierzentren Begegnungsstätten, in denen sich jeder ganz selbstverständlich bewegt. Es geht um eine Gemeinschaft. Wir haben eine Vorstellung davon, und wir leben hier. Und wer hier lebt, gehört dazu. In der Türkei gibt es ein Sprichwort: Drei Tage ist man Gast, nachher nicht mehr. Und bei den Migranten kann man auch sagen: Ein Jahr sind sie hier Gast, danach gehören sie dazu, sowohl mit Pflichten, als auch mit Rechten. Bei sich zu Hause hat man auch beides, Pflichten und Rechte. Niemand kann sich zurücklehnen und sagen: Bringt mir doch bitte das und jenes, die Sozialhilfe soll helfen, der Staat soll helfen. Jeder beteiligt sich und leistet Hilfe im gemeinsamen Lebensraum.

# Basel ist morgen – Ein Rückblick

Conradin Cramer (27), Advokat, Einwohnerrat Riehen und Grossrat BS, Nationalratskandidat LDP

Ich bin in Basel-Stadt geboren, aufgewachsen, ausgebildet worden und beruflich tätig.

Meine Damen und Herren, es ist mir eine Freude, dass Sie mir an diesem sonnigen 16. November 2021 Gelegenheit geben, einiges über Basel zu erzählen. Mich freut das besonders, da ich vor 15 Jahren, im Jahr 2006 nämlich, schon einmal Gast am Klosterberg 6 sein durfte, obwohl ich damals noch nicht einmal Nationalrat oder etwas Ähnliches war. Heute stehe ich mit 42 Jahren noch nicht in der Hälfte des Lebens, und man kann sich fragen, ob die Zeit für Rückblicke schon gekommen ist. Aber gerade für einen Politiker ist es vielleicht nicht das Dümmste, bisweilen innezuhalten und zurückzublicken: Wie kam es, dass Basel so wurde, wie es heute ist? Was waren die wichtigen Entwicklungen in den letzten 15 Jahren?

Erlauben Sie mir also, dass ich kurz die politische Entwicklung Basels in den letzten Jahren skizziere. Seit den Wahlen 2016 haben in Basel bekanntlich die liberal-progressiven Parteien das Sagen. Es sind dies die bürgerlich-progressiv Liberalen, die Grünliberalen, die sozial-liberal Progressiven und meine Partei, die «Die Liberalen». Die einstmals herrschende Sozialdemokratische Partei hat sich nach internen Machtquerelen zwischen dem fundamentalen sogenannten «Verbots-Flügel» und den fortschrittlicheren, eher sozial-liberal denkenden Kräften aufgelöst.

Der Auslöser dieses politischen Erdbebens im Jahr 2016 war ja denkbar banal: Nachdem die damalige politische Mehrheit 2014 das Rauchen in öffentlichen und privaten Räumen sowie unter freiem Himmel verboten hatte, galt es als Zeichen wortlosen Protestes, auffällig kaugummikauend den Tag zu verbringen. Es gab kurzzeitig sogar Kaugummis mit dem Aroma von kaltem Rauch, die alsbald mit dem Hinweis auf negative Auswirkungen des Passivkauens verboten wurden. Die sogenannte «Kaugummiplage» missfiel der politischen Mehrheit. Die Regierung lancierte im Rahmen des Aktionsprogramms «Saubere Strassen für alle» (abgekürzt «Saustrafa») ein Gesetz über die Kaugummientfernungspflicht, das den Hauseigentümern vorschrieb, jegliche Kaugummireste auf den Trottoirs vor ihren Häusern innerhalb 20 Minuten zu entfernen. Für diejenigen Spontis, die mit rebellischen Hintergedanken ihre Kaugummis auf den Strassen entsorgten, wurden strenge Resozialisierungsstrafen eingeführt. Damit war der Bogen überspannt. Die «Die Liberalen» organisierten einen Sitzstreik auf den Tramgeleisen. Es entstand eine Jugendbewegung, die unter dem Motto «Wir lassen unser Leben nicht verbieten» einen sogenannten liberalen Raum im altehrwürdigen Stadtcasino von Zaha Hadid forderte. Tatsächlich wurde das Casino besetzt. Es wurde darin geraucht, es wurde Alkohol ausgeschenkt, auch an unter Dreissigjährige, ja, es wurden sogar alte H&M-Plakate aufgehängt, auf denen die Models nicht ganzkörperlich mit schwarzen Balken überdeckt waren.

Die politische Mehrheit reagierte hilflos. Sie erwog, das Rauchen in speziell eingezäunten Feldern in Riehen zu bestimmten Zeiten und begleitet von Sozialarbeitern zu erlauben. Auch wurden die Strafen für das öffentliche Aussprechen so genannter Blondinen- und Blondenwitze, die von der unabhängigen Fachkommission zur Überprüfung humoristischer Akte als in geschlechtsrelevanter Weise diskriminierend beurteilt wurden, leicht gesenkt. Diese politische Mehrheit wurde abgewählt.

Mittlerweile können wir fast wöchentlich Gesetze ausser Kraft setzen, die Anfang der Zehner-Jahre geschaffen wurden, zu Zeiten des regierungsrätlichen Programms namens «Relegis», was für «Regulierung des Lebens zu Gunsten aller» stand. Niemand vermisst diese Gesetze. Wir haben es geschafft, die grossen Probleme unserer Stadt zu lösen: die Kaugummiplage, die Tatsachen, dass Menschen noch nach zehn Uhr abends wach sind und Musik hören oder dass sie trotz guten Zuredens immer noch Auto fahren und ein Parkhaus nicht als einen Vorhof zur Hölle betrachten oder dass sie während eines Fussballspiels ein, zwei oder gar drei alkoholhaltige Einheiten Bier trinken wollen. Wir haben diese belastenden Probleme einigermassen lösen können ohne neue Gesetze.

Aber lassen wir das Anekdotische. Das wirklich grosse Problem, das wir hatten und immer noch haben, sind die Menschen ohne Arbeit. Die Arbeitslosenquote ist auf gegen 10 Prozent im Jahr 2017 gestiegen und sinkt auch heute nur langsam, auf 7,9 Prozent in diesem Jahr. Materiell ist für die Arbeitslosen gut gesorgt. Aber, so wichtig die materielle Absicherung ist, sie reicht nicht für ein erfülltes Leben. Der Grund für die steigende Arbeitslosigkeit war ja, dass immer mehr Jobs für beschränkt ausgebildete Menschen wegfielen oder in Entwicklungsländer verlagert wurden. In der Schweiz und in Basel im Besonderen gibt es fast nur noch gut bezahlte Stellen für gut ausgebildete Leute. Das ist der Preis (im doppelten Sinn) der Globalisierung, den man schon lange vorausgesagt hat. Ich bin, wie heute wohl die meisten, der Überzeugung, dass wir – «wir» im Sinn von Gesellschaft – von dieser Entwicklung der Globalisierung profitieren. Aber es profitieren nicht alle als Einzelne, und eine Minderheit profitiert nicht nur nicht, sondern verliert ihre Existenz. Aber, meine Damen und Herren, ich glaube, wir sind mittlerweile auf dem richtigen Weg. Die Arbeitslosenquote sinkt, langsam, ja, aber sie sinkt. Einschneidende Reformen im Bildungswesen haben es ermöglicht, junge Menschen an den, wie es heute etwas plakativ genannt wird, «Gipfel ihrer Leistungsfähigkeit» zu bringen. Wir haben brutal investiert in die Schulen. Wir haben die Begabten gefördert, wir haben die weniger Begabten gefördert und wir tun alles, damit auch die völlig Unbegabten später eine Arbeit finden können, die sie erfüllt oder immerhin einigermassen befriedigt oder mindestens besser ist als die Abhängigkeit von der Sozialhilfe. Es wäre vermessen zu behaupten, ich hätte schon vor 15 Jahren gewusst, wie wir das Problem der Arbeitslosigkeit würden lösen können. Auch wenn die Stossrichtung, eben die Investitionen in die Ausbildung, schon damals einleuchteten, waren sie schwierig durchzusetzen, da sich die Resultate nur auf sehr lange Sicht zeigen würden. Für Leute aus meiner Partei und für mich selbst war es auch schwierig zu akzeptieren, dass die ganz grossen Steuersenkungen trotz Wirtschaftswachstum nicht drin waren, weil es galt, in die Ausbildung zu investieren.

Vielleicht interessiert es Sie zu wissen, was wir kulturell gemacht haben in den letzten Jahren. Das Theater Basel heisst ja jetzt «Theater der trinationalen Agglomeration Liestal», abgekürzt «Thea-tri-Aggl-Li». Zugegeben, es tönt schlimmer als Häbse-Theater und das mit Liestal haben die Baselbieter in der letzten Verhandlungsrunde durchgedrückt. Aber – bitte – es funktioniert. Die anderen zahlen endlich mit für die Theaterkunst, die sie geniessen. Auch sonst läuft viel: Das Literaturhaus ist noch ein paar Mal umgezogen und jetzt glücklich im neuen In-Quartier Matthäus, da die Preise in der Innenstadt nicht mehr zu zahlen sind. Ich muss das präzisieren: Die Innenstadt wird überrannt von internationalen Geschäften, Neoneo-Yuppies aus Zürich und Steuerflüchtlingen aus Arlesheim, die so hohe Mieten zahlen, dass der Verein Pro Innerstadt dem Literaturhaus eine Liegenschaft an der Künstlermeile Feldbergstrasse geschenkt hat. Mittlerweile steigen die Mietpreise an der Feldbergstrasse allerdings derart rasant, dass sich das Literaturhaus wohl bald in Basels neuer Hip-Ecke eine Bleibe suchen wird, im Hirzbrunnenquartier nämlich mit seinem Retro-Genossenschafts-Häuslein-Chic.

Was vielleicht auch noch wichtig ist zu sagen, obwohl man es in Basel bis heute nie sagt: Die Stadt ist reich. Die Menschen leben in Wohlstand. Die Steuern konnten jetzt endlich, nachdem sich die hohen Bildungsinvestitionen in tieferen Sozialkosten niedergeschlagen haben, deutlich gesenkt werden. Hauptverursacher unseres Wohlstands sind unsere beiden Riesen: Novartis und Roche. Beide haben ziemlich in der Welt herumfusioniert, sind aber mit ihren zwei riesigen Türmen in Basel geblieben. (Das mit den zwei Türmen war ja ohnehin eine lustige Sache: So ein Campus ist ja gut und recht, dachte sich Novartis, aber dass Roche höher baut, wollte man nicht auf sich sitzen lassen. Also verschaffte sich auch der andere Riese Befriedigung, indem er sich noch potenter auftürmte.)

Es lässt sich im Übrigen nichts Schlechtes sagen über unsere beiden Riesen: Sie schaffen ständig neue Jobs, sie lassen die besten Architekten bauen, sie nehmen Rücksicht auf gewachsene Strukturen und sie stellen ja auch keine Waffen oder Ähnliches her, sondern Medikamente. Basel und die beiden Riesen leben eine Symbiose. Die Riesen sind gut zu uns, und wir sind gut zu den Riesen. Haben wir uns kaufen lassen? Versuchen wir gar, ein richtiges Leben im falschen zu führen? Nein, haben wir nicht und tun wir nicht. Basel und die Politiker, die Basel vertreten dürfen, gehen selbstbewusst um mit den beiden Riesen. Man redet Klartext miteinander und man respektiert die gegenseitigen Anliegen.

Tatsächlich: Begriffe wie «Wirtschaft» und «Gesellschaft» oder «sozial» und «liberal» werden nicht mehr gegeneinander ausgespielt. «Ganzheitliches Denken» hätte man dem früher gesagt. Schöne neue Welt? Ja, genau, schöne neue Welt!

# Small is beautiful

Barbara Buser (53), Architektin, Fährifrau und Unternehmerin

Ich wohne seit 53 Jahren in Basel, im Haus meines Urgrossvaters. Geboren bin ich in Zürich, aber als ich 3 Monate alt war, sind meine Eltern wieder nach Basel zurückgekehrt. Ich habe eine grosse Auslandserfahrung, habe fast zehn Jahre in Afrika gearbeitet und komme immer wieder sehr gerne nach Basel zurück. Nach der Afrikageschichte wollten wir nach Portugal auswandern, haben jedoch gemerkt, dass man da zwar wunderbar wohnen kann, aber einfach nicht zu Hause ist. Wirklich zu Hause ist man nur dort, wo man seine Wurzeln hat. Die ganzen Geschichten, die ich hier in Basel mache, die könnte ich nirgendwo anders machen. Angefangen beim Unternehmen Mitte bis zum Gundeldingerfeld usw. Weil ich hier die Sprache spreche, weil ich weiss, wie das System funktioniert, weil ich Zugang zu den Menschen habe. Nicht wegen der gewachsenen Beziehungen, von denen habe ich nämlich keine, ich habe mir die Beziehungen erarbeitet. Aber all das ist in dem Ort möglich, wo man zu Hause ist und wo man auch was zu sagen hat und sich das Recht rausnimmt, mal was zu sagen und was zu ändern.

Im Jahre 2021 werden wir die Markthalle erneut umnutzen, weil sie dann wieder leersteht, denn das mit dem Einkaufszentrum hat nicht funktioniert. Basel befindet sich schrittweise auf dem Weg zur 2000-Watt-Gesellschaft, hat sich das zum erklärten Ziel gemacht und befindet sich, sagen wir mal, auf halbem Weg dorthin. Die Stadt setzt endlich einmal durch, wenigstens bei Neubauprojekten, dass diese Regeln befolgt werden müssen. So wie damals auf der Erlenmatt, da steht jetzt ein ganzes Quartier, das nach diesen Regeln gebaut wurde.

Ich stelle mir auch vor, dass die Häuser mit Geothermie geheizt werden, auch wenn sie vorher ein bisschen durchgeschüttelt worden sind. Das Durchschütteln ist ja nicht so schlimm wie eine Explosion in Fessenheim. Das kann man kontrollieren, das kann man reparieren, bei Fessenheim dagegen ist ein paar zehntausend Jahre alles weg vom Fenster.

Ich wünsche mir, dass die Stadt die wichtigen Punkte weiterhin besetzt und diese nur im Baurecht abgibt, weil sie sich dadurch eine konstante Einnahmequelle verschaffen kann, wie es zum Beispiel die Christoph-Merian-Stiftung seit hundert Jahren vorführt. Dass man aber da, wo es sinnvoll ist, auch das Privateigentum fördert. Aber die wichtigen, strategischen Punkte, die müsste die Stadt besetzt halten, z. B. die Markthalle oder das Kinderspital, damit da wirklich etwas gemacht wird, was Sinn hat für die Stadt und ein konstantes Einkommen generiert.

Generell denke ich, dass die Stadt sich nicht mehr ausdehnen sollte, sondern dass man verdichten sollte, wo es möglich ist. Ob man dabei nach oben bauen darf, ist eine schwierige Frage, denn wenn man mehr als ein Stockwerk ansetzen darf, dann ist das meistens der Tod der bestehenden Bausubstanz. Wenn man um ein Stockwerk erhöht, dann ist man innerhalb der bestehenden Bausubstanz, aber wenn man zwei mehr machen darf, dann geht das nicht mehr. Mein Haus z. B. hat genau dieses Problem, und wenn wir nicht auf den Mehrwert verzichten würden, den wir erwirtschaften könnten, dann wäre das Haus längst abgerissen.

Man müsste diese ganzen Bauzonen anders regeln. Z. B. die Zonen in Bahnhofsnähe höher machen, aus der Idee der Verdichtung heraus und der Kürze der Infrastruktur, der guten Erschliessung usw. Wenn ich auf den Mehrwert verzichte, müsste man das woanders, bei einem modernen Haus, draufbauen können. Es müssen ja auch nicht alle Strassenfluchten auf fünf oder sieben Stockwerke geebnet werden, sondern man könnte ruhig Zacken zulassen, das macht das Stadtbild viel lebendiger.

Es gilt also unbedingt zu verhindern, dass bei der Verdichtung die alte Bausubstanz radikal ausradiert wird. Man müsste im Gegenteil einen Weg finden, um ein paar Verdichtungen zuzulassen, aber auch viel mehr Fantasie ohne die starren Regeln einer Bauzone.

Der Mehrwert müsste vollständig abgeschöpft werden. Es geht aber nicht an, dass die Stadt einen Mehrwert zulässt und dass Private diesen abschöpfen. Der Mehrwert muss staatlich abgeschöpft werden, damit andere Sachen ermöglicht werden können, die sonst nicht möglich wären. Ein Beispiel dafür ist das Warteck-Areal: Da hat der Eigentümer die alte Brauerei, das Sudhaus, stehen lassen und bekam dafür die Erlaubnis, die umgebenden Bauten um ein Stockwerk zu erhöhen. Solche Deals sind sinnvoll.

Man muss die alte Bausubstanz gut untersuchen, und ich bin überzeugt davon, dass es sich in 90 Prozent der Fälle lohnt, mit der alten Substanz weiterzubauen und nicht alles abzureissen. Für mich gilt: small is beautiful. Das ist meine Grundhaltung. Geschichte kann man nun mal nicht bauen. Geschichte muss erlitten, erduldet, erlebt werden. Das braucht Zeit. Wenn man etwas neu baut, dann braucht es Jahrzehnte, bis das wieder eingewachsen ist, bis das wieder eine Geschichte hat.

Überall, wo ein Nutzungswechsel ansteht, überall wo ein Abbruch ansteht, könnte man umnutzen. Ich stelle mir vor, dass es 2021 eine Umnutzungsgesetzgebung gibt, die für fünf Jahre einen provisorischen Zustand erlaubt, während dem man sich über endgültige Geschichten Gedanken machen kann. Während dieser Zeit muss natürlich die Personensicherheit gewährleistet sein, aber es müssen nicht alle Bauvorschriften eingehalten werden, weil das jedes Provisorium killt. Es braucht also ein Provisoriumsgesetz. Dann kann man Schritt für Schritt dieses Provisorium in einen definitiven Zustand überführen.

Im Moment gibt es diese Kultur im Baudepartement nicht. Manchmal hat man auf bilateraler Ebene mehr Glück, aber man müsste sich auf so ein Gesetz oder so einen Artikel berufen können. Zur Zeit wird von Fall zu Fall entschieden. Diese Willkür muss auch sein, denn man kann nicht alles in Gesetzestexte fassen, aber man könnte der Willkür einen Raum geben und sie zeitlich begrenzen und auch den Beamten sagen: Ihr könnt und ihr dürft das jetzt, nur muss die Personensicherheit gewährleistet sein.

In einen bestehenden Betrieb greift kein Mensch ein. Aber sobald der Betrieb zugeht, sobald der Besitzer wechselt, kommt die ganze Geschichte ins Rollen. Im Gundeldingerfeld kam gleich zu Beginn eine Aufforderung, die Kanalisation für 100 000 Franken zu sanieren. Uns hat das fast den Kopf gekostet. Da gabs keinen Aufschub. Wenn man das von Beginn an wüsste, würde man gar nicht anfangen. Viele wissen das und fangen deshalb nichts an. Gleich zu Beginn stürmt alles auf dich ein und du sollst dann schon wissen, was du in zehn Jahren machst. Es braucht aber diese Zwischenfrist. Es braucht eine gewisse Flexibilität, mit einem zeitlichen Rahmen von fünf bis zehn Jahren. Im Gundeldingerfeld hätten die fünf Jahre vollauf gereicht. Man darfs auch nicht zu lange machen.

Unsere Linie ist dabei, auf den spezifischen Ort einzugehen und zu schauen, was braucht es da überhaupt, und was kann man mit möglichst wenig Bauänderungen machen, denn diese kosten jedes Mal unheimlich viel Geld. Es ist also viel gescheiter, aus einer hohen Halle eine Kletterhalle zu machen, als Böden einzuziehen und Büros zu bauen. Denn die Kletterhalle kann etwas mit diesem hohen Raum anfangen.

Ich wünsche mir immer, ein Bauwerk pro Jahr sprengen zu dürfen. Ich denke schon, dass man gewisse Bausünden rückgängig machen oder integrieren muss. Wie zum Beispiel in Holland. Da wurde eine Stadt quer von einer Autobahn durchschnitten. Und die haben sich gesagt: Gut, was machen wir jetzt? Das ist so, und wir können nichts dagegen unternehmen. Schaffen wir uns doch einen Wohnraum unter der Brücke. Dann haben sie eine Scaterbahn und ein Einkaufszentrum mit Läden gebaut. Sie haben das mit Parkett ausgelegt und mit Glaswänden umgeben. Das sieht jetzt tatsächlich wie ein Wohnraum aus und ist einfach genial. Sowas könnte man zum Beispiel beim Heuwaage-Viadukt machen, man müsste vielleicht umnutzen oder einen Zusatznutzen schaffen. Beim Dreirosenbrückenkopf, da haben sie ja dieses Jugendzentrum reingebaut, das sieht gar nicht schlecht aus. Auch mit den Bausünden könnte man also kreativ umgehen. Mal abgesehen vom Sprengen.

# Die fidelen Tropen
Michel Mettler

An einem Sonntagmorgen Mitte Mai bemerke ich an der Wand neben dem Buffet, wo früher die Diplome der Barfüsser, unserer Väter und Vorväter hingen, eine brandschwarze Verfärbung. Ich hebe kurz meine Indoor-Brille, um mich zu vergewissern, dass es wirklich ein Wandfleck und keine Verunreinigung im Kobaltglas meines Augenschutzes ist.

Es liegt nicht an der Brille, leider, es ist das Mauerwerk. Die Hitze hat also einen Weg herein gefunden. Der Thermoschutzschild des Hauses muss defekt sein. Verwunderlich im Grunde, denn diese Schilde sind Vorzeigeobjekte unserer geothermischen Industrie, die in weniger als zehn Jahren alle restlichen Wirtschaftszweige in sich aufgesogen hat.

Ich versuche sofort, jemanden bei der Geothermischen Gesellschaft zu erreichen. Doch Anrufe sind zwecklos, keiner im Büro, zur Zeit nimmt das Projekt Rheinverdampfung alle verfügbaren Arbeitskräfte in Beschlag. Und zu Fuss hinzugehen ist schwierig. Zunächst gilt der Grundsatz *Pro Haushalt ein Schutzanzug*. Er hat längst das *One Man One Vote* früherer Zeiten abgelöst. Und da meine Frau wieder berufstätig ist, seit sie sich auf dem zweiten Bildungsweg zur experimentellen Seismikerin hat umschulen lassen, muss ich tagsüber zuhause bleiben, hinter feuerfesten Mauern.

Überhaupt sind die Fortbewegungsmöglichkeiten zur Zeit etwas begrenzt. Es soll zwar Leute geben, vor allem Laufsportler in den Kleinbasler Vierteln, die ohne Schutzanzug, nur mit hitzegedämmten Schuhen unterwegs sind. Doch das ist entschieden zu gefährlich. Für Waghalsige, die es eilig haben, gibt es noch die umgerüsteten Flammenwerfer. Sie funktionieren mit Rückstoss, sind allerdings unzuverlässig, einige davon sogar nachweislich gesässschädigend, blasentreibend und fassadenversehrend. Ausserdem sind sie schwer zu kriegen, nur auf dem Schwarzmarkt eigentlich, wo man mit etwas Glück auch Schutzanzüge aus illegaler Fertigung findet.

Wer also zu Hause bleiben muss, setzt sich mit Vorteil und Gewinn vor einen der Flüssiggesteinsschirme, die neuerdings in erhöhter Auflösung zu haben sind. Es gibt zwei Typen, den Basalt-Screen und den älteren, etwas eintöniger färbenden Allgemein-Magma-Typ. Darauf sind tagsüber aufschlussreiche Dokumentationen in breit angelegten Repetitionsschlaufen zu sehen. Zur Zeit stellt man uns gerade unseren evolutionären Nachfolger vor, der zugleich unser Vorfahr sein soll.

Es handelt sich um den bisher ältesten bekannten Einwohner der Stadt namens Raymondionymus marqueti, einen blinden, unterirdisch lebenden Rüsselkäfer. Entwickle sich das Klima längs der bekannten Indikatoren weiter, erklärt eine knapp bekleidete Moderatorin, nachdem sie auf ein Symbolbild zu ihrer Linken gewiesen hat, dürfte dieses Insekt unsere humane Stadtpopulation beerben. Raymondionymus marqueti sei ein Dominator trockenwarmer Biotope, Relikt aus dem Tertiär, vermutlich schon lange isoliert lebend. Das Tier habe die Eiszeiten überstanden, erklärt die Dame mit pflichtsteifem Blick, weil es im Boden des südexponierten, durchwegs gletscherfrei gebliebenen Uferhanges der Rheinhalde ein mittelmeerähnliches Mikroklima vorgefunden habe.

Ich betrachte das Haar der Sprecherin, das vom Ventilator auf anmutig wellenförmige Weise zur Seite gedrillt wird. Im Frühling, erfahre ich, will man weitere Exemplare im Untergrund aufspüren; ausserdem soll das Verbreitungsgebiet der Art bestimmt werden. Auch das Vorkommen weiterer subterran lebender Tiergruppen möchte man erheben, mit ausdrücklicher Billigung des Geodätischen Instituts – Spezies, die vermutlich nach der letzten Eiszeit aus dem südlichen Teil des Schwarzwalds unterirdisch eingewandert sind. Ihre Lebensweise könnte für die Weiterentwicklung der unsrigen wegweisend sein.

Ich schalte den Schirm auf stumm und denke weiter über das Leck in der Hauswand nach. Auch mit einem zusätzlichen Schutzanzug wäre es jetzt wohl schwer, den Hauptsitz zu finden, denn es gibt kaum gültige Stadtpläne – Landkarten ohnehin nicht mehr. Wäre auch wenig sinnvoll in einer Zeit, da sich die Grundrisse täglich weiter verformen. Seit einigen Jahren treibt ja die Abteilung für angewandte Seismik ihre Idee von Stadtentwicklung mit künstlichen Erdbeben, Gesteinsbewegungen und Magma-Injektionen voran. Sie sollen das Gesicht des urbanen Raums nach dem Vorbild der kommenden, besseren Zeit formen, sagt Hitzlsberger, der Projektleiter, ein aus dem Allgäu zugewanderter Bohr- und Verpuffungsexperte, der unter den heimischen Geologen nicht nur Freunde hat und dessen Buch «Die siedende Stadt» vor allem in Ausserbasel sehr umstritten ist.

Aber hat eigentlich früher mal irgendjemand sicher gewusst, wo der Hauptsitz der Geothermischen liegt? Ich glaube nicht. Das ist alles sehr verwirrend, nicht nur topographisch, denn die Institute sind miteinander verschwistert, einige Altvordere sagen: verfilzt.

Gleich neben dem einstigen mutmasslichen Hauptsitz der Geothermischen ist auch die Geodätische beheimatet. Und nur wenige Schritte daneben «Brühwiler & Co», Brenn- und Siedebedarf, sowie die «Allgemeine Ausgabestelle», wo es Essensrationen und Ausrüstung für die Bevölkerung gibt.

Übrigens soll die Umbenennung der Stadt beschlossene Sache sein, nur der Name selbst, sagen Eingeweihte, sei noch Gegenstand spitzzüngiger Auseinandersetzungen in stadtetymologisch engagierten Kreisen: *Bæsel* oder *Blæsel* lautet die Frage, an der sich die Geister scheiden.

Eines der meistdiskutierten politischen Themen ist ausserdem die Entschädigung der arbeitslos gewordenen Rheinfährenlotsen. Einigen von ihnen soll der fliegende Wechsel ins vulkanische Fach ermöglicht werden. Aber wie vielen? Hier liege der Teufel im Detail, wie Ohrenbläser und selbsternannte Abwiegler unisono erklären. Täglich kann man auf den Schirmen Vorsitzende der Geothermischen Gesellschaft hitzig mit den Vorständen der Schifffahrtsverbände streiten sehen. Doch da es seit Neustem verboten ist, beim Betrachten der Schirme die Indoorbrille abzunehmen, fällt es immer schwerer, die eine von der andern Seite zu unterscheiden. Einmal, so scheint es, argumentieren die Lotsen geothermisch, dann wieder die Geothermiker mit Schifffahrtsbegriffen – als wären die Grenzen, auch die politischen, in der Hitze des Gefechts fliessend geworden, oder weich jedenfalls.

In diesem Augenblick, gleichsam als Ausrufezeichen hinter meine Vermutung, reisst eine brüske Erdbewegung an meinem Stuhl. Vermutlich wieder diese Berner Seenplatte, die unverbesserlich und mit wachsendem Nachdruck Richtung Elsass strebt ...

Ich sehe mich in unserer Wohnung um. Die Radiatoren wurden vor Jahren demontiert. Doch nun müsste angelegentlich über Kühlung nachgedacht werden, zumindest solange der Schutzschild leckt. Wer soll ihn reparieren, wenn alles, was wir an Fachkräften haben, am Flussbett beschäftigt ist?

Ich fahre den Arm der Hauskamera aus, um die Westwand zu betrachten und eine erste Fehleranalyse zu versuchen. Tatsächlich sind einige Kacheln weggeplatzt. Eine ungewöhnlich starke Protuberanz wabert über das schuppige Mauerwerk.

Cindy, der Echse meiner Frau, scheint es allerdings gut zu gehen. Sie liegt friedlich dösend in ihrem Asbesthäuschen im Vorgarten. Lasse ich die Kamera um 180 Grad zurückschwenken, sehe ich einige menschliche Silhouetten in voller Schutzmontur gestikulierend die «Drachenburg» verlassen. Ich kann nur hoffen, dass dies kein böses Zeichen ist. Denn mir scheint, diese «Blättchen», die da von der Strassenthermik am Haus vorbeigewirbelt werden, könnten in Wirklichkeit abgeplatzte Kacheln benachbarter Schutzschilde sein. Und auch diese abermalige rötliche Färbung des Himmels über der St. Alban-Vorstadt lässt mich Ungutes vermuten ...

Die fidelen Tropen

## 21.12.2021

| | | |
|---|---|---|
| 56 | **Stadtklöster, Brot und Wein** | Martin Dürr |
| 58 | **Basel, die sexy Stadt** | Astrid van der Haegen |
| 60 | **Chronist der Zukunft** | Christian J. Haefliger |
| 64 | **Pro und kontra Runder Tisch** | Diskussion |
| 67 | **Was man weiss, stimmt an keiner Stelle** | Birgit Kempker |

Den Chip für den ÖV haben wir im Arm platziert, wir müssen also keine Tickets mehr lösen, wir haben einen Chip auf Lebenszeit.
*Astrid van der Haegen*

Ich brauche eine positive Vision, um mich im Heute engagieren zu können.
*Martin Dürr*

# Stadtklöster, Brot und Wein

Martin Dürr (47), reformierter Pfarrer Gemeinde St. Johann

Ich bin in Basel geboren und in Riehen aufgewachsen. Ich bin Bürger von Riehen, das hat aber nie eine grosse Rolle gespielt. Ich bin in Basel zur Schule gegangen, habe nach der Rekrutenschule, 17 Wochen in Liestal, einen längeren Sprachaufenthalt in England verbracht, und bin anschliessend nach Basel zurückgekommen. Dann bin ich mal ganz mutig gewesen und habe ein Jahr woanders wohnen wollen und bin nach Birsfelden gezogen. Dort hat mich aber das Heimweh so gepackt, dass ich wieder nach Basel zurückgekehrt bin, und jetzt lebe ich seit rund 20 Jahren in Grossbasel West.

Am Morgen des 21.12.2021 stehe ich auf, hole die zwei völlig unterschiedlichen, aber beide guten Basler Zeitungen aus dem Briefkasten, lese ein wenig darin, und dann mache ich mich auf den Weg. Zuerst habe ich im Leonhards-Gymnasium eine Sitzung mit dem jüdischen Rabbiner und dem islamischen Imam – ach ja, da ist auch noch ein kerniger Atheist dabei. 2015 hat die Basler Regierung nämlich beschlossen, dass an den Schulen Religionswissenschaft und Ethik als Pflichtfach unterrichtet werden soll. Wir vier haben das übernommen und machen das an den verschiedenen Gymnasien auch in einem sehr spannenden Diskurs miteinander.

Allerdings wird die evangelisch-reformierte Kirche Basel-Stadt am 21.12.2021 in dieser Stadt nur noch eine marginale Rolle spielen. Es gibt noch ganze drei Orte, an denen reformierte Gottesdienste stattfinden, und nur noch an zweien werden katholische Messen gefeiert.

An deren Stelle ist etwas Neues getreten: An jedem Abend gibt es in fast jedem Quartier der Stadt einen Ort, an dem man sich zu Brot und Wein versammelt. Dort tauscht man sich offen aus und diskutiert über Gott und die Welt. Das ist ein Beitrag der sogenannten Stadtklöster, in denen Menschen zusammenleben, Singles, alleinerziehende Familien, Häuser, in denen man zu jeder Tages- und auch Nachtzeit eine offene Tür findet und mindestens eine warme Suppe bekommt. An diesen Tischen mit Brot und Wein treffen sich die unterschiedlichsten und seltsamsten Menschen, vom zweiten Nachfolger von Dr. Vasella über Theaterleute bis zum erfolgreichsten FCB-Trainer aller Zeiten, Murat Yakin, der bekanntlich 2017 den FC Basel bis ins Champions-League-Final geführt hat.

Am Anfang endeten diese Gespräche meistens damit, dass man über die Verlängerung des 2er-Trams nach Bettingen oder weiss Gott wohin diskutiert hat. Aber schliesslich ist Basel für alle diese unterschiedlichen Positionen, für Life Sciences, Kultur und noch viele andere, im Bewusstsein viel grösser geworden, zu einer ganzen Region, die auf der einen Seite bis zum Jura, auf der anderen Seite bis Mulhouse und Freiburg reicht. Die Stadt hat sich einerseits auf ihre Wurzeln besonnen, humanistische Wurzeln, Wurzeln der Reformation im besten Sinne, und andererseits die Öffnung zur Welt noch viel bewusster vollzogen.

Die grossen Player in dieser Stadt sind sicher die Life Sciences und die Chemie. Es hat sich bewährt, dass diese sich für den Standort Basel entschieden haben und geblieben sind. Aber andererseits ist Basel auch zu einem wirklichen Bildungszentrum mit einer riesigen Ausstrahlung geworden, so dass mittlerweile Leute aus der halben Welt anreisen, um sich dieses Schulmodell anzuschauen, auch um zu verstehen, wie eine solch grosse Integration möglich geworden ist.

Man hat erkannt, dass es ganz wichtig in der Auseinandersetzung ist – auch mit Leuten, die zuziehen, die aus anderen Kulturen kommen –, dass wir unsere eigene Identität kennen. Und auf der anderen Seite, dass Integration und Zusammenleben dann gefördert werden, wenn genug Informationen da sind, über uns selbst und über die anderen. Was ist überhaupt ihre Kultur, was ist ihre Religion? Wo sind die Gemeinsamkeiten, wo die Unterschiede? Der Respekt vor der Andersartigkeit wurde im Bildungsauftrag verankert und der Mut gefördert, das Andere zuzulassen und nicht immer nur verzweifelt nach einem Einheitskompromiss zu suchen.

Es gibt viele profilierte Parteien, die sich aber bei aller Verschiedenheit in Herkunft und Ideen immer wieder gefunden haben, auf persönlicher Ebene, oft bei solchen Abenden an einem grossen Tisch. Über die persönlichen, sozialen Beziehungen ist ganz viel möglich geworden. Das Geheimnis ist dabei gewesen, dass man sich auf die eigene Identität besonnen hat und von dort aus miteinander in einen Dialog eingetreten ist, das hat viel zu Gemeinsamkeit und Zusammleben beigetragen. Das heisst nicht, dass Basel eine Insel ist, es ist mehr wie eine heilige Stadt.

# Basel, die sexy Stadt

Astrid van der Haegen (46), Unternehmerin und Präsidentin der Wirtschaftsfrauen Schweiz

Ich bin in Luzern geboren und mit 8 Jahren nach Basel gekommen, aber nicht gern. Ich habe meine Eltern nicht begreifen können, wie man das schöne Luzern verlassen kann für eine Stadt ohne See, ohne Berge. Heute bin ich froh, dass meine Eltern hierher in die Region Basel gekommen sind. Wir haben in Baselland gewohnt, aber ich habe Baselland und Basel-Stadt immer als Region betrachtet. Ich bin viel im Ausland gewesen, und wenn man viel im Ausland war, dann versteht man noch weniger, wie man so trennen kann: Baselland, Basel-Stadt, Grossbasel, Kleinbasel und so weiter. Für mich ist es einfach eine Region.

Ich fahre mit der Metro in die Stadt und treffe mich dort mit Anita Fetz, der Vizepräsidentin der Wirtschaftsfrauen Schweiz. Wir frühstücken gemütlich, trinken Kaffee und diskutieren, wie schön es in Basel ist. Wir nennen das immer noch Basel, auch wenn die Region längst eine gemeinsame ist, mit Basel als Zentrum – die Jungen wissen gar nicht mehr, dass es mal zwei Kantone gegeben hat.

Wir freuen uns darüber, dass es in Basel keine Parteien mehr gibt, keine Grabenkämpfe mehr, dafür gute Persönlichkeiten, die die Stadt, die Region führen. Bei den Wirtschaftsfrauen haben wir unsere Ämter längst abgegeben, weil wir im Jahr 2015 einen Meilenstein setzen konnten: Das erste Mal haben wir am WEF in Davos die Frauenmehrheit erzielt.

Unser Gespräch führt dann über die Frauen, über die Frauenmacht, die wir 2021 haben, auch zu den Männern, und wir kommen zum Schluss, dass Ausgewogenheit eigentlich das Beste wäre, und entscheiden uns, den Wirtschaftsfrauen, unseren Nachfolgerinnen, die dann im Amt sind, zu empfehlen, damit aufzuhören, die Frauen noch weiter zu fördern, weil wir sonst in eine ungleiche Zukunft gehen.

Nach dem z' Morgetreff fahre ich mit dem Badwännlitram, das wieder eingeführt wurde. In der Region hat man die Metro, wenn mans eilig hat, aber wenn man es gemütlich nehmen will, kann man mit dem Badwännlitram fahren. Den Chip für den ÖV haben wir im Arm platziert, wir müssen also keine Tickets mehr lösen, wir haben einen Chip auf Lebenszeit.

Ich fahre zu einem Termin bei der Basler Zeitung. – Übrigens haben wir im Jahr 2021 eine viel grössere Medienvielfalt, vor allem auch über die Online-Medien, die alltäglich geworden sind. – Die BaZ ist viel positiver geworden. Das gilt auch für die ganze Bevölkerung. Denn da durch das Wegfallen der Parteien auch die Bevormundung der Bevölkerung durch den Staat aufgehört hat, ist die Bevölkerung wesentlich glücklicher. Das erklärt auch, warum die Basler Zeitung nicht mehr so schlagzeilenorientiert ist.

Später, an meinem Geschäftssitz in Sissach, erhalte ich einen Anruf vom Tagesanzeiger und werde über die Region Basel befragt. Ich sage, wie schön es ist, dass wieder alle Leute in Basel wohnen wollen, weil es ja eine gemeinsame Region ist und weil man auch die Steuern gesenkt hat. Es sind immer mehr reiche Zürcher nach Basel gekommen, weil sie in Zürich das Mäzenatentum nicht leben konnten, und das hat die Stadt natürlich kulturell nochmal weitergebracht.

Über den Zaha-Hadid-Bau redet man gar nicht mehr, an den hat man sich gewöhnt. Man hat auch die Kompromiss-Wettsteinbrücke abgerissen und die ursprünglich geplante Calatrava-Brücke errichtet. Man macht einfach nicht mehr so viele Kompromisse, sondern entscheidet sich für das Mondänere. Es ist klar, dass der FCB Meister ist und der EHC auch. Die Rheinpromenade hat sich zu einer Flaniermeile entwickelt. Die Anwohner sind so tolerant, dass sie nicht mehr reklamieren, wenn auf dem Floss um 22 Uhr noch Musik gemacht wird.

Weil Basel zur Metropole und zur Stadt der Schweiz geworden ist, auch mit europäischer Bedeutung – man hat den Slogan «Basel tickt anders» wirklich in Taten umgesetzt –, sind auch viel mehr wohlhabende Leute nach Basel gezogen. Die Wirtschaft floriert; alle Städte, die leben, die Vorzeigestädte sind, haben auch eine gute Wirtschaft. Die führenden Technologien und Unternehmen sind alle in Basel und wollen in Basel sein.

Man überlegt sich schon, ob man die Hauptstadt der Schweiz nach Basel verlegt. Basel hat keine Sorgen mit Einkünften oder Arbeitsplätzen. Basel ist begehrt, es gibt eigentliche Wartelisten. Basel ist *die* sexy Stadt der Schweiz.

# Chronist der Zukunft

Christian J. Haefliger (67), ehemaliger Geschäftsführer der «Regio Basiliensis», Ex-Grossrat und Ex-Verfassungsrat SP

Ich bin in Wien als Auslandschweizer geboren und bin dann mit 8 Jahren, nach dem Krieg, nach Basel gekommen. Auf dem Papier bin ich Berner Bürger, nicht Basler Bürger. Aber ich habe ein abstraktes Verhältnis zu Bern, viel stärker ist das Verhältnis zu Österreich. Als ich hierher kam, habe ich mit 7 Jahren Schweizerdeutsch lernen müssen, weil sie mich in der Schule ausgelacht haben. Mein Verhältnis zu Basel ist so, dass Basel de facto meine Heimatstadt geworden ist, auch wenn ich das Bürgerrecht formell nicht habe. Für mich ist Basel meine Stadt.

Ihr erinnert euch ja sicher alle noch daran, dass die Schweiz im Jahr 2012 der EU beigetreten ist. Schon im Jahr 2006 hat es Analysen in den Medien und in politischen Zirkeln gegeben, dass der bilaterale Weg zwar zunächst ein sehr sicherer Weg war, sich aber mit der Zeit als immer unflexibler erwiesen hat, und auch das Volk hat gemerkt, dass man mit dem bilateralen Weg immer den Verhältnissen hinterherrennt und ständig an die Urne gerufen wird, um wieder irgendein Verträglein zu sanktionieren. Darum entstand endlich eine Mehrheit, die festgestellt hat, Mitbestimmung ist eigentlich more sexy, als ständig politisch hinterherzulaufen. Das ist 2012 passiert.

Sechs Jahre später, das ist jetzt erst 3 Jahre her, gab es in der Schweiz plötzlich eine wilde Diskussion. Denn nachdem wir ein EU-Identitäts-Gefühl entwickeln hatten, kam es zu einer Gebietsreform mit nur noch sieben Kantonen (die ehemaligen Kantonsnamen sind als Bezirke historisch beibehalten worden). Damit ist auch der Kanton Nordwestschweiz kreiert worden.

Dadurch ist die Frage aufgetaucht: Was geschieht denn mit Basel, diesem komischen Gebilde, das de facto viel grösser ist als de jure, also mit dem, was man damals noch, bis ins Jahr 2010, Stadtkanton genannt hat – da ist eigentlich der Kanton kleiner als die Stadt gewesen. Aus dieser Erkenntnis heraus gab es dann eine neue Verfassung, mit dem Kanton Nordwestschweiz. So ist die Stadtgemeinde Basel kreiert worden und die hat schon von Anfang an gesagt: Jetzt können wir die Steuern senken, weil wir ja nicht mehr die gleichen Aufgaben haben wie als Stadtkanton, sondern im gesamten Kanton Nordwestschweiz operieren können. Das haben die Birsfelder und Allschwiler und Binninger so toll gefunden, dass sie gesagt haben: Ja, das ist der Moment, in dem wir mit der Stadt mithalten wollen, und damit ist die Stadt auf 220 000 Einwohner angewachsen, mit den neuen Stadtquartieren Allschwil, Binningen und Birsfelden.

Im Jahr 2020, also genau vor einem Jahr, ist noch etwas Anderes, Enormes passiert: Da ist nämlich das Grundeinkommen eingeführt worden. Schon im Jahr 2006 hat eine Studie gezeigt, dass 4% der Menschen arbeitslos sind, 9% als invalid eingeschrieben und 7% Sozialhilfe bekommen, das heisst, dass 20% der Menschen im Alter zwischen 20 und 65 eine Rente bekommen haben. Das hat immer mehr zu Diskussionen geführt, bis zur grossen Erkenntnis, dass man eigentlich auf die Wahnsinnsbürokratie, die mit der Ausschüttung und der Differenzierung dieser Renten zusammenhängt, verzichten könnte und damit die Staatsquote senken und mit gleich viel Geld sehr viel mehr soziale Basissicherheit schaffen kann.

Das finde ich genauso interessant wie die vor zwei Jahren, im Jahr 2018, eidgenössisch eingeführte freie Schulwahl. Alle Eltern sind automatisch vom Staat mit Bildungsgutscheinen ausgestattet worden, mit denen sie in diesem liberalen Schulwesen frei wählen konnten. Das hat zu einer Konkurrenzsituation geführt, die Staatsschulen sind immer besser geworden, mussten sich aber gegenüber den neu gegründeten Privatschulen behaupten, die auch mit diesem Bildungsgutschein finanziert wurden.

Wirklichkeit geworden ist im Jahr 2013 auch die trinationale Spitalversorgung, gestützt auf die Vereinbarung zwischen Baden-Württemberg und dem Kanton Basel-Stadt von 2006 und sanktioniert von der Eidgenossenschaft. Harzig sind dabei die Verhandlungen mit den Elsässern gewesen, weil diese immer noch so abhängig von Paris gewesen sind, aber die Regionalisierung ist auch in Frankreich vorangeschritten. Doch noch heute, im Jahr 2021, dürfen wir bei den Franzosen nicht von Föderalismus, sondern nur von «décentralisation» sprechen. Dann aber ist vieles möglich. Das Elsass ist fast schon ein Kanton, man darf es nur nicht laut sagen.

Damit komme ich endlich zum Eurodistrikt Metrobasel. Nach der Gründung dieses Eurodistrikts im Jahr 2007, mit einem trinationalen Distrikt-Rat, ist später auch die Direktwahl für die RegioTriRhena-Bevölkerung eingeführt worden. Seitdem ist der Standort Palmrain auf der französischen Seite zu einem Kompetenzzentrum für die ganze RegioTriRhena geworden, wo auch Tagungen durchgeführt werden, die von ganz Europa beachtet werden.

Es freut mich auch, dass die Freihandelszone am Euro-Airport realisiert worden ist – auch das ein europäisches Pilotprojekt –, eine Freihandelszone, in der alle Handelsbedingungen weltweit möglich sind. In den 90er-Jahren des vorigen Jahrhunderts hat man mal die Messe dorthin verpflanzen wollen, das wäre wirklich trinational-international gewesen, aber das ist ja gescheitert. Stattdessen ist jetzt die Freihandelszone realisiert worden, und die Investoren drängen sich.

Grossartig ist auch, dass ich in meinem fortgeschrittenen Alter durch die sogenannte Erholungsmeile Dreiländereck spazieren kann. Dorthin kommen auch Mütter mit Kindern, da gibt es eine Begegnung der Generationen. Das geht vom St. Johann-Park – und dieser St. Johann-Park ist nicht mehr nur so ein Sozialgrün, wie er das damals, 2006, noch gewesen ist, sondern jetzt ist dort ein wunderbarer Blumenmarkt, wie mitten in Paris –, von dort also geht es weiter über den Campus, die Novartis-Promenade. Vom St. Johann, am Campus vorbei, kommt man bis in die Eaux-Vives von Hüningen. Ich gehe über die Brücke, die dort im Jahr 2007 zwischen Deutschland und Frankreich errichtet worden ist. Später, im Jahr 2012, wurde noch eine Brücke gebaut, diesmal von der deutschen Seite zum Dreiländereck auf der Schweizer Seite, so dass dieser Parcours auch für einen 81-Jährigen sehr gut zu bewältigen ist. Heute kann man auch am Rhein entlang vom Hafen aus weiterlaufen, dann über den Rheinpark Friedlingen und über die neue Brücke bis in den Dreirosenpark.

Es gab auch eine Aufzonung am Kleinbasler Rheinufer, dort, wo früher das Kinderspital war. Heute sind da die irrsinnigsten Wohnungen. Der Aussenraum des Rheins verträgt es, dass man ein wenig in die Höhe geht. Da sind mindestens siebengeschossige Gebäude mit den besten und teuersten Wohnungen, was auch gute Steuerzahler gebracht hat.

Man hat auch den Ring, der in Grossbasel vom Rialto bis zum Kannenfeld früher immer eine so halbpatzige Geschichte gewesen ist, zu einem fantastischen urbanen Gebiet, zu einem Boulevard, entwickelt. Es wird jetzt auch oft gesagt: Eigentlich müsste im Schützenmattpark noch ein Theaterbau stehen, damit das wirklich ein Ring ist, der sich gewaschen hat.

Die Hafencity, mit einem hohen Wohnanteil, möchte ich nur nebenbei erwähnt haben. Was mir natürlich als alter Fan von tollen Hochhäusern, von Wolkenkratzern, Freude macht, ist, dass seinerzeit mit dem Messeturm ein Anfang gemacht wurde, was später dann mit dem Herzog-de-Meuron-Turm bei Roche fortgesetzt wurde. Nur hat mich damals, Anfang des Jahrhunderts, noch sehr gestört, dass die Türme so mutterseelenallein dagestanden sind. Ich habe immer schon von dem, was heute realisiert worden ist, geträumt: Dass da nämlich cluster sind, um ein neumodisches Wort zu nehmen, dass da Geschwistertürme sind, die eine urbane Skulptur bringen, nicht da und dort, sondern konzentriert zwischen Badischem Bahnhof und Messe und im Gebiet Roche gegen den Bahndamm zu.

Auch der Uni-Campus Schällemätteli ist realisiert worden, und wir haben, Gott sei Dank, endlich auch die Fussgängerzone Aeschenvorstadt-Freie Strasse-Marktplatz vollendet. Der Münsterplatz ist längst von allen Verwaltungsgebäuden verlassen worden; das hat man schon im letzten Jahrhundert angefangen. Da ist es jetzt lebendiger geworden, nicht durch mehr Autos, sondern durch kleine Kaffeehäuser und Buchhandlungen, nach und nach haben sich Galerien eingenistet, und jetzt ist das ein ganz heimeliger Platz, der unbedingt unter Denkmalschutz bleiben sollte. Roche-City und Ähnliches auf der einen Seite und dafür umso geschütztere Adventskalender-Szenerien in Grossbasel.

Das neue Stadtcasino hat man übrigens vor ein paar wenigen Jahren nicht mehr so genannt. Der stolze Bau, der internationale Beachtung gefunden hat, wurde zu Konzerthaus Basel umbenannt. Das war besser als Stadtcasino, denn mit einem Casino hat das eigentlich gar nichts zu tun. Und wenn ich schon beim Konzerthaus bin, dann möchte ich nicht unerwähnt lassen, dass ja durch den Kanton Nordwestschweiz völlig neue politische Rahmenbedingungen entstanden sind, und plötzlich ist die Last, die auf dem Theater Basel lag, zu Gunsten einer Zürcher Lösung abgewendet worden.

Früher hat das Grosse Haus noch Grosse Bühne geheissen. Es gab damals ein Schauspielhaus und eine Grosse Bühne. Also, entweder man hat zwei Häuser oder man hat zwei Bühnen, das ist mir sprachlich schon immer komisch vorgekommen. Da hat man aber inzwischen einen Schnitt gemacht: Der Kanton Nordwestschweiz hat das Opernhaus Basel übernommen, in dem es Oper und Ballett gibt wie in Zürich, während die Stadtgemeinde Basel das Schauspielhaus führt.

Zu erwähnen ist natürlich noch die Kaserne – ich habe ja völlig vergessen, dass das mal eine Riesendiskussion gewesen ist. Heute ist es eine Selbstverständlichkeit, dass beim Kasernenareal nichts abgerissen worden ist, denn das ist ein markanter Bau. Aber man hat ihn verbessert, und nach den alten Ideen des damaligen Kantonsbaumeisters Carl Fingerhuth ist ein Durchbruch vom Kasernenplatz zum Rhein realisiert worden, ohne dass man das Gebäude abreissen musste, und auch ohne dass man, was sich auch schon mal einige vorgestellt haben, irgendwelche Häfen dort hinbaut. Da ist heute ein Durchgang mit einer Terrasse zum Rhein hin, wo die Topografie vom oberen Platz mit dem Unteren so schön spielt, dass das einen tollen Bezug zur Stadt ergeben hat.

# Pro und kontra Runder Tisch
*Diskussion*

**Peter-Jakob Kelting:** Das Merkmal der sogenannten europäischen Stadt, für die Basel sozusagen stellvertretend steht, ist ja, dass sie immer mehr zerfällt, ist das Zerbrechen in Partikularinteressen. Interessant finde ich – und das ist nicht nur heute Abend passiert, sondern auch an den letzten Abenden –, dass die Visionen, auch die persönlichen Visionen, zunächst mal von einem Gemeinwesen ausgehen, das alle verschiedenen Interessen in sich birgt – in sich bergen meine ich auch ganz wörtlich –, um dann in einer Form von Ausgleich Entscheidungen zu finden. Das Interessante daran ist, dass es auch heute Abend wieder einen Grundbestand an Werten gibt. Es gibt sozusagen einen ethischen Humus, mit dem alle diese Visionen nur möglich sind, weil sie letztlich auf eine Kultur des Ausgleichs gründen. Vielleicht ist das ein Signum visionären Denkens, dass man bestimmte Werte voraussetzt, ohne sie explizit zu formulieren, damit man überhaupt zu etwas Verbindlichem kommen kann, verbindlich, das heisst, über die eigene Perspektive und den eigenen Tellerrand hinaus.

**Sibylle Ryser:** Ich denke, es ist auch einfach eine Beschränkung unseres Denkens. Wir können uns ja nicht wirklich eine Zukunft vorstellen, die anders ist als irgendetwas, was wir kennen. Alles, was heute Abend gesagt wird, basiert auf unseren Erfahrungen. Alle drei Utopien sind extrem positiv gewesen. Ich weiss nicht, ob das Vorgabe gewesen ist, unrealistisch positiv sind ja sicher auch einige, so wird es garantiert nicht aussehen. Aber in welche Richtung das geht, das zu sehen ist uns ja letztlich nicht möglich, der Mensch kann nicht etwas denken, was er nicht schon kennt. Aufgefallen ist mir, dass da oft eine Verbindung aus Zukunftseuphorie und unglaublicher Retroromantik ist. Diskussionsforen bei Brot und Wein … tja, also wenn, dann werden die wahrscheinlich im Internet stattfinden und nicht an einem Tisch. Die ganze electronic community z. B., was dort mit Veränderungen von Kommunikation passiert, auch von neuen Vernetzungen, E-Government etc. – davon hat niemand geredet. Es gibt ja europäische Städte, wie zum Beispiel Amsterdam, wo solche Diskussionsforen auf dem Internet laufen. Ich denke, viele von den Veränderungen, die auf uns zukommen, die können wir uns jetzt noch nicht vorstellen.

**Christian J. Haefliger:** Einspruch! Also zuerst muss ich mal zustimmen, dass wir nur denken, was wir von jetzt weg denken können. Aber zweitens ist die Vorgabe der Veranstalter gewesen: Wie möchtest du, dass die Stadt in 15 Jahren aussieht? Es ist also schon vorweg das Positive abgerufen worden. Und drittens der Einspruch: Dass wir in 15 Jahren oder meinetwegen in 20 oder 50 Jahren keinen Tisch mit Brot und Wein mehr haben sollen, mit Menschen, die sich dafür interessieren, an einem night-opening-Tag hierher zu kommen, das möchte ich bestreiten. Man hat schon vor dem Internet-Zeitalter, in den 80er-Jahren, gesagt:

Jetzt wird der Luftverkehr zusammenbrechen, weil man Videokonferenzen abhalten kann, und das sei so rational und ökonomisch, dass das zu verheerenden Folgen im Luftverkehr führen würde – Pustekuchen! Als ich ein kleiner Junge war, hat es die Jahrbücher «Helveticus» und «Universum» gegeben, in denen technologische Utopien ausgebreitet wurden, und ich bin total fasziniert davon gewesen. Aber etwas wird verkannt: die menschliche Natur, das direkte Erlebnis der Begegnung. Da nützt mir kein Chatroom, da nützen mir alle diese virtuellen Geschichten einen alten Hut, und je mehr ich von dem E-Business habe – ich bin selber ein Nutzer von all dem, weil ich es ein tolles Tool finde –, je mehr ich davon habe, desto grösser wird mein Bedürfnis nach dem Zwischen- und Direktmenschlichen. Darum sage ich auch im Städtebau: Macht mit voller Pulle ein kleines Manhattan bei der Roche und beim Badischen Bahnhof, aber um Gottes Willen schützt mir die Gegenden der Stadt, wo es gemüthafter ist. Wir brauchen beides, wir brauchen die modernen Technologien und wir brauchen umso mehr das Zwischenmenschliche. So eine Runde wie hier ist im Chatroom nicht denkbar. Das ist nicht Romantik, das ist das, was ich brauche, auch in Zukunft.

**Sibylle Ryser:** Da gebe ich Ihnen Recht. Das wird es sicher noch geben, die Frage ist nur, was die Relevanz davon ist. Es gibt sicher immer Wein und Gespräche am Tisch, hoffentlich, aber inwiefern solche Quartiertische dann eine Relevanz für die Stadt haben, da kann man sich wirklich fragen, ob nicht auch noch andere Formen … auch das Internet hat etwas Emotionales, vielleicht nicht für jede Generation gleich, aber es gibt jüngere Generationen, die sich dort sehr viel mehr bewegen und auch zu Hause fühlen in solchen Foren, in denen auch etwas passiert. Das ist es eigentlich, was ich mit Romantik gemeint habe: Wie übersetzt sich das wieder zurück in ein politisches Handeln oder in eine Stadtstrategie?

**Anni Lanz:** Und das Internet? Wie übersetzt sich dieses in eine politische Strategie?

**Sibylle Ryser:** Ich glaube, der Vorteil oder der Unterschied – der Vorteil sei dahingestellt –, der Unterschied ist, dass es eine grössere community erreichen kann, während so ein Tisch, damit ein Gespräch überhaupt noch möglich ist … wir sind da an der Grenze, da kann sich schon nicht jeder beteiligen. In solchen communities findet man sich vielleicht auch einfacher, die, die ähnliche Interessen haben, und man hat grössere Netze.

**Martin Dürr:** Eben, das ist genau das, was ich mit dem Bild von den Tischen mit Brot und Wein meine. Die Internet-communities, die bestehen ja dann oft, wenn sie funktionieren, aus mehr oder weniger Gleichinteressierten. Ich bin im Vorfeld von heute Abend auf die BaZ-Forum-Seite, auf der das Metrobasel besprochen wird, gegangen – das ist zum Brechen.

**Jacques Reiner:** Zum Davonlaufen.

**Sibylle Ryser:** Meinen Sie Leserreaktionen?

**Jacques Reiner:** Ja, das ist grauenvoll.

**Martin Dürr:** Und da hat das Internet einfach seine Grenzen. Vielleicht findet man mit der Zeit noch Möglichkeiten, wie man Leute aus der Anonymität holen kann, damit die nicht nur ihren Dreck dort abladen, oder irgendeinen Filter, der das dann direkt zu uns Seelsorgern bringt, dann können wir uns darum kümmern. Aber das trägt, in diesem spezifischen Fall, überhaupt nichts zur Diskussion bei, ausser das jeder, der versucht, dort einen halbwegs ernsthaften Beitrag zu machen, sich frustriert abwendet. Ich selber arbeite viel mit Internet und E-Mail und geniesse das auch, und das geht auch mit einigen Leuten wunderbar, man ist wirklich vernetzt mit der ganzen ... mit der halben Welt, aber ich glaube, dass die persönlichen Begegnungen an Wert und Bedeutung gewinnen werden.

**Anni Lanz:** Immer nur mit Gleichgesinnten zu chatten, zu kommunizieren, das bringt uns ja eigentlich auch nicht weiter. Ich finde das auch eine bedenkliche Tendenz, dass man sich immer nur ...

**Sibylle Ryser:** Wir sind hier auch alles Gleichgesinnte.

**Anni Lanz:** Nein, überhaupt nicht. An diesem Tisch sind wir nicht alle Gleichgesinnte.

**Sibylle Ryser:** Wir halten alle einen Wert von einer politischen Auseinandersetzung hoch. Das gibt schon eine Gemeinsamkeit. Hier sitzt kein einziger FCB-Hooligan. Als Gruppe sind wir absolut beschreibbar: relativ hohes Bildungsniveau, der Altersdurchschnitt ist schätzungsweise recht hoch, Einkommen wird auch relativ hoch sein, wir haben absolute Gemeinsamkeiten.

**Anni Lanz:** Ja, aber das ist nicht das Gleiche wie gleichgesinnt. Und ich glaube, das sind wir nicht an diesem Tisch. Wir haben ja noch nicht so tief geschürft. Ich denke, es ist eine Gefahr, dass man die Konfliktkultur nicht entwickeln kann. Sobald man merkt, man ist verschieden, grenzt man sich wieder ab und sucht sich einen anderen Kreis. Das muss man pflegen: eine Konfliktkultur.

**Dominique Lüdi:** Ich habe das Gefühl, das kommt sowieso, das ist eine Notwendigkeit, dadurch, dass sich die Gesellschaft verändert. Man wird die Konfliktfähigkeit entwickeln müssen, alle diese Parallelgemeinschaften müssen miteinander reden.

# Was man weiss, stimmt an keiner Stelle

Ein Kunstbaufelz von Birgit Kempker

– In medias rex

Es gibt sehr viele Stellen in der Welt und jede ist fremd. Jede Schrift ist eine Frage und Feststellung von Welt, und jeder Wald ist ja Stellen voll mit Zeichen und jede Gefangenschaft umstellt. Jede Wand hat zwei Seiten und blättert. Jede Frage ist fremd gestellt und jeder Auftrag von Fremden, und jeder, der Stellen bestellt, steht bloss da, wo sein Wille sich zeigt als Stelle, die das andere Fremde als aufgeforderte Stelle im anderen Fremden, bestimmt, herausgibt und: annimmt, als bestellte Stelle, die jetzt soll und steht.

Keine Stelle will sich selbst, an keiner Stelle, auch historisch nicht, nichts ist ohne Auftrag seiend und also ist alles Seiende fremd beauftragt, bevor es ist, will es nicht. Nichts ist nicht fremd, und Gott löst das nicht.

Gibt es eine Stelle, die keine Antwort auf eine Frage ist und doch Ja sagt aus sich selbst heraus von Herzen: Ja? Wie entstehen fremde Andere? Auf mich zeigen, ist zeugen, gilt auch für mich, so einfach ist die Geburt eines Fremden und geschieht mitten im selben Selbst, zentriert und spaltet, weil nichts ist zusammen, was nicht auseinandersetzbar ist, nichts blüht ohne Wunder auf am Rand. Kein Rand ohne Verlangen nach einem anderen Rand.

Fremd also geht, doch kann ein Fremder in der Fremde fremd sein? Wie lange fickt der Fremde fremd an derselben Stelle? Fremd gehen und Fremde ficken ist nicht dasselbe. Wie lange ist dieselbe Stelle diese selbe Stelle. Bis zur Salbe? Welche Stelle definiert, was Zeit macht? Stellt die Zeit die Frage, die die Zeit macht? Welche Stelle ist die Frage selbst und ist sie je, oder nur ein Mal, ohne Macht gestellt, überhaupt die Frage?

Wie viel Philosophie verträgt eine Stadt? Lieber wildert diese Stelle hier, die etwas will von einer anderen Stelle und rempelt im Lieben und Wilden, lieber irrt sie und ist ohne Gehorsam, statt zu wissen und zu handeln, als ob sie wüsste, was sie tut und tun soll, nämlich: diese Stelle sein und besetzen, was an keiner Stelle zu wissen und zu hören ist und zu handeln, weil Wissen Überschreiten von Wissen ist. Hinübergehen. Wissen ist Kreide fressen. Fremd ist der Wolf in der Stadt und hat Hunger. Im Haus ist die Angst der Ziegen. In der Turmuhr versteckt sich ihr Fleisch.

Jeder Turm ist eine Sprache. Jede Sprache ist eine Sonde in den Himmel, wenn Kontakt und Blühen wie Blume als Gebäude fertig gestellt zum Bewohnen mit Kontakten. Realitäten. Was für eine Stelle ist Kontakt und von wem ist das Wissen, das sich im Kontakt entzündet? Fremd geht, wer das versteht, geht. Im fremden Garten blühen fremde Blumen. Im Gehen liegt der Weg und vom Fremden geht der Weg weg zum Fremden und ist eine Zukunft in einer Kürze, die sofort vorbei ist. Fremd ist, was ich töten will. Fremd ist, was mich tötet.

---

Der Titel ist ein Zitat aus: Ernst Fuhrmann. Mariposa. Autobiografische Schriften.

Namen sind fremde Freunde, die uns liebe Stellen bezeichnen, was an keiner Stelle stimmt, obwohl es Liebe wird oder einfach Welt, wenn der Name erkannt ist, oder ich bin es, selbst, fremd genannt, fremd gestellt. Fremd ist mir mein Fremdes die Stelle, von der aus ich Stellen bestehe oder anderem Fremden Fallen stelle, und die Beute taxiere als meine nun eigene mir einverleibte Stelle, oder mein anderer Feind. Eine Stadt ist eine Stelle. Dies steht dem Verstehen jetzt zur Verfügung. Der Rest nicht.

– In medias rest

Verstehen als verfahrene Stellen, als Erfahrung hinstellen, und das Verfahren Verstehen nennen und den Bürger Schriftsteller, dessen Metier dies ist, das ist die Erwartung, diese Stelle sagt es. So sei es. Sich behaupten sagt: auf diesem Kopf bestehe ich. Meinem. Die Erfahrung mit sich selbst in der Welt als andere fremde Stelle ist für den Schriftstellerbürger eine Stelle der Pflicht, die seine Arbeit ist, über die hinweg er hinüber geht oder selber ist und sich selbstverständlich stellen und fressen lässt. Ein Schriftsteller ist immer ständig angestellt. Eine Stelle in der Stadt ist der Bürger. Ein Bürger überlebt vor allem. Hinüber zu sein ist hübsch und ohne Erreichbarkeit und am Rand vom Bürger, seine Existenz, blüht also Schönheit. Die Stadt ist eine Werkstatt gegen das Hinübersein ihrer Bürger und Gebäude und aller Realitäten, als Gabe und zur persönlichen Verantwortung füttert sie die Bürger mit juristischen Begriffen der Institutionen als Substitut für spontane rotierende spannende Stellen, die bewohnbar sind und schmackhaft.

Selbst schädigendes Verhalten ist ein Wort, ein langes, der Stadt geschenkt an den Bürger für selbst ständige Verwendung, ein anderes ist: eingeschriebener Brief. Selbst schädigendes Verhalten bezeichnet die Stelle im Bürger, die nicht ohne Schaden sein will. An der Stelle, Bürger, wo du deine eingeschriebenen Briefe nicht einsiehst, wird kein Sozialkontakt an dir nachprüfbar sichtbar, und du lebst gar nicht in deinem Land in deiner Stadt, weil dir sonst, Bürger, immer ein anderer von deiner eigenen Sorte Bürger sofort den Briefkasten freiwillig öffnet, öffnen würde, oder notwendig abgesprochen aus Bürgersolidarität, und deine Briefe sortiert und dir zustellt, an den Bürgerort eines anderen Bürgers, wo du ein Gastbürger bist, sonst bist du nicht ansässig und hast kein Recht auf eingeschriebene Briefe, Bürger. Wer diese Stelle nicht in sich inwendig liest, in dem schreibt sie sich ein und muss blind erlitten werden am volkseigenen Körperhaushalt als Stelle der persönlichen Bestrafung. Wer wen schädigt, egal wen, wenn er es selbst ist, wird doppelt bestraft, weil es Selbstmord ist an der Gesellschaft, du Bürger ziehst dich ab, es gibt dich nicht, weil du nicht, Bürger, erreichbar bist, sofort zu antworten, bürgst du uns nicht für dich und birgst Unvorhergesehenes für die ganze Stadt, wenn man dir etwas geben oder nehmen will, geht es nicht und das genau geht nicht und geht uns alle an.

Was soll die denken und fühlen und wie reagieren, wenn sie sich zurückbekommt von dir nicht angekommen, wer? Die Post, abgewiesen von dir, dem Bürger; und alle die, die Bürgerbrot verdienend, hinter dieser Post stehen und sich mühen hinter Schaltern und Porto verschwenden an dich, oder Buchstaben, Gesetz und Geist, ganze Serien von Buchstaben, oder sich selbst;

deine Stelle im Leben Bürger, deine Lebensstube, Bürger, Stube, die dich vermissen muss als Glied von sich, du Fliege, du bringst uns nicht ins Stottern, du gehst ab, kommst abhanden, steckst mit diesem Nihilismus seiende Stellen an, was beweist, es gibt dich hier nicht und wenn, nur so, dass es dich wo anders geben soll, wo du immer einen Ort bewohnst, wo eine Post dich eingeschrieben erreicht und du deinen Schaden auch anrichten kannst, für den du bestellt bist, folgt: wenn ein Postbote klingelt und Post ruft, sein warmes Motorrad knattert und du nackt runter rennst, das nützt jetzt auch nichts, ein wildes Bürgerfleisch, was nicht habbar ist, haftet nicht, an keiner Stelle, aber hinter dem Motorrad her! Und ohne Grammatik. Welch fehlgeleitete Bürgerbewegung und nutzloses Fleisch, denn sieh: dir diesen Jammer an, diese Strukturkatastrophe.

Wenn du erreichbar bist, kennt dich der Mann am Kiosk und weiss, dass du, wenn Aktion ist, den Mantel reinigen lässt, ob es diesen Mantel noch gibt, einen neuen, auch von den Personen in deinem Leben, das heisst wohnhaft sein und besonders mit Recht der anderen, wenn du einen Amtsbrief erwartest, ist Alarm, diese Stufenstelle soll schreien und dich wecken, und du solltest es schon abends gerne wissen wollen, was dir das Amt jeweils vom Staat zu schreiben hat, der dein bestes will, dir die Krankenkosten verkürzen, er will dir dein Anrecht geben, wenn du dich stellst und willst und alles zeigt, was du hast, dann gibt er dir, was du nicht hast und aber haben sollst. Wenn du das nicht kapierst, bist du fremd und teuer krank umsonst, weil das Geld da ist für dich, dass du nicht anzunehmen in dir die richtige Stelle dafür bildest und zeigst und da hilft auch dein bürgerliches Schreiben nichts, dass du die Briefe nicht lesen kannst, weil sie nicht warten auf dich auf der Post, die sie nicht zurückbehalten kann, wie du es für wünschenswert hältst, wenn das jetzt die Schreibkunst beschädigt, dann rächen wir uns, denn du bist unser gutes Stück und sollst schon Wachstum kennen und uns frommen zum Zwecke der Kunst, du Früchtchen.

– In memoriam

Diese lange orale regressive Stelle zeugt davon, wie die Institution einen rechten Eindruck in einem Bürger hinterlässt und ja auch darauf besteht und daraus, aus dieser selbst verordneten Ordnung entsteht letztlich nur Gutes für Gute und nicht diese endlose Verlassenheit der Stelle, die kein Bürger kennt, weil er dann ausquartiert ist ins Lager für unintegrierte ansteckende Stellen, und weil das Hirn Chaos will und haben muss zum Ordnen und sich selbst Definieren und sich im Ordnen als Macht selbst erkennt, fördert, fordert und erhält wie auch erneuert und herstellt, ist die Macht, die dich ins Haftbare zwingt, zu begrüssen und ohne, bist du nicht zu denken, auch nicht wenn du willst. Mehr kann die Existenz sich selbst gar nicht berechtigen. Du musst dich und zwar unbedingt als gut erkennen und nicht selbst verletzen und immer jetzt da sein für mich, dein eigenes anderes Feld, das dich hält und auch aushält und wenn du stirbst, in einer Fichtenkiste in deinen Bürgerort hinunterlässt und in sich hineinlässt, Amen. Danke Mama und Papa Staat ist Saat.

Diese Stelle ist bestellt, bevor du in sie hineinfällst. Jetzt ist eine Stelle in der Zeit. Stellen sind immer von wem anders festgestellt worden, also Vergangenheit und nicht sie selbst, das macht nichts, auch Autonomie ist eine Stelle, die an keiner Stelle stimmt.

Gibt es eine Stelle, die sich selbst fest stellt? Ein Fels ist eine feste Stelle. Eine Stelle ist ein kleines Reich für sich und garantiert andere Reiche, weil Grenze. Es gibt die Ordnung, die will, dass diese Reiche sich selbst wissen wollen und wo ein Ego da ist ein Wille und eine Bestimmung und da ist dann nichts mehr, was stimmt, keine Stelle. Ergo Grenze. Not, nicht Ton. Eine Störung ist eine notwendige Stelle im System, was eine Stellenanordnung bezeichnet, die, obwohl sie nicht stimmt, nicht stimmt. Ein Name ist der Ort für eine Stelle. Jede Feststellung stimmt nicht an dieser Stelle. Doch wo passieren die Werte? Ein Affenfels ist eine Stelle im Zoo für Menschen.

Ein Kunstbaufelz ist ein Anagramm aus Zukunft Basel. Ein Zoo ist eine Stelle in der Stadt. Keine Stadt kann ohne Gedanken sein. Das ist die gute Aussicht auf Ankunft. Land sein ohne Stelle, die sich vom Himmel unterscheidet. Gezielte Dummheit weiss hier am meisten und explodiert die explorierte Stelle. Diese Dummheit ist fast süss und heilsam, weil sie sich sehend um sich selbst bringt und sich nach sich sehnt und sich auf diese Frechheit selbstverständlich versteht und so sieht mir die Zukunft mich lassend entgegen.

# 18.01.2022

| | | |
|---|---|---|
| 74 | **Sprach-Gen und Dialogkultur** | Daniela Koechlin |
| 77 | **Bildung ist die beste Prävention** | Carlo Knöpfel |
| 80 | **The War for Top Talents** | Martin Batzer |
| | | |
| 83 | **D Schtadt läse | Die Stadt lesen** | Guy Krneta |

Wenn ich zaubern könnte, dann würde ich mir wünschen,
alle Sprachen verstehen und sprechen zu können.
*Daniela Koechlin*


Netzwerke zu gestalten, Netzwerke zu führen, das ist die zentrale Fähigkeit,
die in der Zukunft geschult und auch erlangt werden muss.
*Martin Batzer*

# Sprach-Gen und Dialogkultur

Daniela Koechlin (43), Schulsozialarbeiterin, Journalistin

Meine allererste Begegnung mit der Schweiz hatte ich als Teenager: Da hab ich mich im Zirkus Roncalli unsterblich in einen Schweizer Raubtierdompteur verliebt. Nach dem Abitur, das ich in München absolviert habe – ich bin in München geboren und aufgewachsen –, habe ich in Konstanz am Bodensee studiert. Das war meine erste richtige Begegnung mit der Schweiz. Ich war sehr oft zum Einkaufen in Kreuzlingen, in der Migros, die für mich als Studentin besonders spannend war. Dort habe ich auch zum ersten Mal Radio DRS gehört. Die haben mich reingeangelt in die Schweiz: die Nudeln und Dänu Boemle. Ich bin dann wieder nach München zurückgegangen, weil ich dort mein Studium abschliessen wollte, und wie's der Zufall will, hab ich dort Menschen kennengelernt, die mich zum Skifahren in die Schweiz mitgenommen haben. Bei dieser Gelegenheit habe ich Basler kennengelernt und bin dann über mehrere Umwege in Basel gelandet. Mit einem Zwischenhopser also: Bodensee und zurück und dann mit Anlauf wieder in die Schweiz. Jetzt sind es 21 Jahre, die ich hier lebe.

 Am heutigen 18. Januar ist mein Wunsch ganz eindeutig: Wie alle hätte ich mir Schnee gewünscht. Es war ja ein völliger Unwinter. Ich hätte mir ein sinnliches, verschneites Basel gewünscht, eine eindeutige Jahreszeit, das Verträumte und etwas Gedämpfte. Ich finde Basel im Schnee sehr schön, auch wenn ich es sehr selten erlebt habe.

 Am 18. Januar 2022 würde ich mir ein Basel wünschen, das nicht schimpft und flucht, sondern das mit dem umgeht, was ist, und damit auch ein Stück weit spielt, wie mit dem Schnee. Ich habe einmal Langläufer am Spalenberg gesehen, das hat sich mir eingeprägt. Endlich mal spontan reagieren auf das, was ist. Das wäre so ein Wunsch, dass Basel auch mit etwas schwierigen Situationen lockerer umgehen, darauf reagieren und das Beste daraus machen könnte.

 Ich glaube nicht, dass ich 2022 noch Sozialarbeiterin bin. Ich würde mir aber für die Stelle wünschen, dass es sie noch gibt, dass sie ausgebaut ist, dass sie selbstverständlicher ist. Da müsste eine Einsicht da sein, den Schülern und Schülerinnen, den Eltern und den Lehrern mehr an Unterstützung anzubieten. Die Schulsozialarbeit müsste mehr Selbstverständlichkeit haben und auch nicht so negativ besetzt sein.

 Ich wünsche mir, speziell für eine Stelle wie meine, dass es ein überdurchschnittlich grosses Team an Beratungspersonen gibt, auch unterschiedlicher Kulturen. Die Secondos, die Kinder und Enkelkinder derer, die jetzt ins Land kommen, mit ihrem unglaublichen Fundus an Wissen, nicht nur sprachlich, sondern auch kulturell, die müssen mit eingebunden werden.

Diese Forderung nach Mehrsprachigkeit ist im Kommen und betrifft nicht nur die Landessprachen, sondern auch die der Migranten. Ich habe jetzt die erste Stellenanzeige gelesen, in der stand: Gerne auch mit albanischem Hintergrund. Da dachte ich: Juhu! Je mehr Sprachen selbstverständlich gehandhabt werden können, desto besser ist der Umgang miteinander.

Natürlich wird das nie für alle Sprachen möglich sein. Ein absoluter Traum ist aber, dass irgendwann alle Menschen alle Sprachen sprechen. Der Trend geht zwar dahin, dass alle Menschen nur noch eine Sprache sprechen, nur noch Englisch, aber nicht mal darauf können wir uns einigen, denn dann kriegen die Französischsprachigen schon wieder hektische Flecken. Wir müssen auch an China denken, die werden nicht alle nur Englisch reden wollen. Wir reden ja immer nur von diesen Elitegruppen. Wenn ich zaubern könnte – das habe ich mir schon als Kind gewünscht –, dann würde ich mir wünschen, alle Sprachen verstehen und sprechen zu können. Oder ich hätte gern einen Verständigungs-Chip. Man hat ja schon so vieles, angefangen bei der Hundemarke, was man sich als Chip einpflanzen lassen kann. Und in ein paar hundert Jahren hätte ich das entsprechende Gen und müsste nicht mehr darüber nachdenken.

Ich war gerade in Holland, in Amsterdam und Rotterdam. Für mich ist Amsterdam wie Zürich und Rotterdam wie Basel. Amsterdam hat ein wenig eine Disneyland- und Europapark-Stimmung. Rotterdam dagegen ist eine herbe Industriestadt. Ich finde Amsterdam toll, ich finde auch Zürich schön, aber ich lebe lieber in einer herben Stadt. Das macht Basel für mich aus. Diese Stadt hat so was Kantiges. Dieses Gebrochene, das Harte, das gar nicht Schöne an Basel, das macht für mich die Kreativität in dieser Stadt aus.

Schroff und kantig heisst für mich aber nicht verslumt und nicht mehr geschätzt. Schroff und kantig heisst für mich, dass da eine Spannung ist zwischen einer Arbeiterstadt, einer Industriestadt, und dem Anspruch an extrem viel Kultur. Wir haben soviel Kultur wie in wenigen Städten dieser Grösse. Aber die Kultur muss auch für die sein, die hier leben und nicht nur für jene, die von aussen reinkommen und ansonsten in den Dörfern wohnen und sich dort ihre Nester bauen. Es gibt einen riesigen Exodus von Menschen, die nach draussen gehen zum Wohnen und nur zum Arbeiten reinkommen und da in ihrem Klüngel bleiben. Ich würde mir das anders wünschen. Für mich wäre eine Vermischung toll, das fände ich spannend.

Als ich vor 21 Jahren nach Basel kam, da waren hier unglaublich viele Strassenfeste, Nostra Festa zum Beispiel. Da war so viel Leben, ich habe in dieser Zeit sehr viele Menschen kennengelernt. Heute ist das alles so organisiert, dadurch kann es natürlich besser kontrolliert werden, als wenn es Wildwuchs wäre. Klar braucht es auch Regeln, und damit sind wir beim Thema Verantwortung.

Die Menschen, die hier leben, müsste man in die Verantwortung nehmen, zu ihrem Wohnraum Sorge zu tragen. Das ist etwas, das man an die Jugendlichen weitergeben muss. Da stehen wir Erwachsene manchmal ziemlich auf verlorenem Posten, und die Jugendlichen finden, das ist uns doch völlig wurscht, ihr macht's doch auch nicht besser, und da haben sie natürlich ein Stück weit Recht. Aber es gibt immer Menschen, die ihnen vorleben könnten, dass man es auch anders machen kann. Ganz kleine Sachen, den Abfall einfach mal in den Mülleimer schmeissen und nicht in den Rhein, davon hätten alle was. Das ist möglich, aber es traut sich ja niemand mehr, was zu sagen. Je weniger Mut da ist, selbst Verantwortung zu übernehmen, desto mehr Regeln braucht es, oder man meint zumindest, dass es mehr Regeln braucht, und dann wird alles organisiert und vorgepflanzt, und das finde ich schade. Die Prioritäten vieler Bewohner hier liegen ganz woanders, nur nicht in der Verantwortung.

Für mich gibt es da so eine Angst, fast eine Paranoia, es könnte einem irgendwo entgleiten, um Gottes Willen, es könnte irgendwo Keimzellen geben von überbordender Energie womöglich, dieses Aufmüpfige, das Basel mal hatte, dieses Schräge, auch an der Fasnacht. Die erste Fasnacht, die ich erlebt habe – ich glaube, Tinguely ist da auch mitgelaufen –, das war eine Zeit, da war es irgendwie bissiger. Jetzt ist alles Dekoration, Sydebölleli-Kultur.

Ich bin überzeugt davon, wenn man wieder mehr im Dialog wäre, dass da wieder viel mehr Freiräume entstehen könnten. Aber der Dialog, der findet nicht mehr statt. Zu vieles ist von vornherein schon reglementiert. Wenn ich ein Projekt habe, denke ich sogleich: Wen muss ich jetzt alles fragen? Wer muss informiert sein? Wen darf ich um Gottes Willen nicht auslassen? Man fühlt sich schon schuldig und völlig eingeengt, bevor man ein Projekt überhaupt zu Ende gedacht hat.

Natürlich kann man eine Aufbruchstimmung nicht wiederbeleben oder aufzwingen. Die 80er-Jahre waren die 80er-Jahre. Die haben viel kreiert, aber auch viel verunmöglicht, weil vieles überbordend war. Daher kommen auch eine Menge Regeln.

Aber ich wünsche mir mehr Dialog, viel mehr Reden miteinander. Nur – zum Reden braucht es Zeit, und die fehlt am allermeisten.

# Bildung ist die beste Prävention

Carlo Knöpfel (47), Mitglied der Geschäftsleitung Caritas Schweiz

Geboren bin ich mehr oder weniger zufällig in Ludwigshafen am Rhein, weil mein Vater Rheinschiffer war. Dass wir dann in Basel gelandet sind, hat schlicht damit zu tun, dass Basel der letzte Hafen ist und gleichzeitig in der Schweiz liegt. Seitdem bin ich immer hier gewesen. Ich habe hier studiert und gearbeitet. Das ist wohl auch der Grund, warum ich, obwohl ich jetzt seit 15 Jahren bei Caritas arbeite, nie auf den Gedanken gekommen bin, nach Luzern zu ziehen. Basel ist meine Stadt, mit allen Wenn und Aber. Vor allem natürlich auch durch den Rhein, diese starke Beziehung geht nicht mehr weg.

Im Jahr 2022 gewinnt Basel den UNESCO-Preis für innovative Bildungspolitik. Weil Basel als Stadt – aber auch die Schweiz als Ganzes – verstanden hat, dass sie in der Globalisierung nur überleben kann, wenn sie hochproduktiv ist und soviel hochqualifizierte Erwerbstätige wie möglich heranzieht.

Das ist nicht nur eine ökonomische Frage, man kann es auch als eine demografische Frage auffassen. Die Bevölkerungsentwicklung weist darauf hin, dass die Erwerbstätigenzahl abnimmt, also sind wir noch viel stärker darauf angewiesen, dass alle, die hier leben, ihre Fähigkeiten und Möglichkeiten entfalten können. Die Bildungsforschung heute zeigt, dass wir zuviele Menschen auf dem Weg durch die Bildung verlieren, und zwar nicht, weil sie dumm oder ungeschickt sind, sondern, weil die Ungleichheiten der sozialen Herkunft durch das Bildungssystem bis jetzt nicht kompensiert, sondern im Gegenteil noch verstärkt werden.

Wir haben heute ein Bildungssystem, das unglaublich stark auf die Unterstützung des Elternhauses angewiesen ist. Das führt dazu, dass Kinder, die in eine Situation hineingeboren werden, in der sie nicht so gut gefördert werden, benachteiligt sind. Da wird es im Bildungssystem einen Durchbruch geben. Wir werden das anders organisieren und das Schwergewicht vom Elternhaus wegnehmen.

Bildung ist ein ganz zentrales Moment der beruflichen Qualifikation und muss permanent wach und aktuell gehalten werden. Das verlangt eine positive Grundeinstellung. Die fällt aber nicht einfach vom Himmel, sondern ist eine soziale Kompetenz, die man sich erwirbt oder eben auch nicht. Zu viele Eltern kriegen das nicht mehr auf die Reihe. Das ist ein Fakt. Es nützt nichts, darüber zu klagen und zu sagen: Die Schule ist keine Nacherziehungsanstalt. Wir als Gesellschaft müssen ein Interesse daran haben, dass das besser wird.

Machbar ist das, indem die Verweildauer in der Schule ausgedehnt wird, nicht nur Blockzeiten, sondern indem z. B. die Schule um vier Uhr fertig ist und dann die SchülerInnen noch anderthalb Stunden unter qualifizierter Betreuung Hausaufgaben machen.

Basel verdient sich den UNESCO-Preis auch dadurch, dass die Stadt das Verhältnis von Ausbildung und beruflicher Tätigkeit besser der biografischen Entwicklung anpasst. Heute läuft die Lehrlingszeit während der Pubertät. Das ist die dümmste Zeit, um einen Beruf zu lernen, um es mal plakativ zu sagen. Da hat man alles andere im Kopf als die berufliche Entwicklung. Man möchte Geld haben, ausgehen, die Welt erleben, aber ausgerechnet in dem Moment erwarten wir von den Jugendlichen, dass sie erwachsen werden und schon relativ verantwortlich im Job sind. Das muss man anders anpacken. Am besten wäre es, ein Jahr lang zu sagen: Keine Lehre, sondern Arbeit, auf dem Niveau, auf dem man das kann. Einfach arbeiten, normal Geld verdienen und die Welt erleben. Danach kann man sagen: So, jetzt wisst ihr, wie es funktioniert, jetzt versteht ihr auch, warum es gut ist, noch ein paar Jährchen in die Schule zu gehen.

Die Welt entdecken, das ist noch so ein Aspekt des UNESCO-Preises. Im Moment erlebe ich unser Bildungssystem als zu wenig dahin orientiert, aus diesen Jugendlichen wirklich Bürgerinnen und Bürger dieser Gesellschaft zu machen. Es wird zuwenig danach gefragt, welche sozialen, kulturellen, politischen Kompetenzen ein Jugendlicher braucht, damit er versteht, in welcher Gesellschaft er lebt. Wir erwarten von 18-Jährigen, dass sie voll funktionieren, und sind dann erstaunt über gewisse politische Einstellungen und dass die Rattenfängerpartei die Jugendlichen ganz locker beeindrucken kann. Warum? Weil wir sie eben nicht zu Bürgerinnen und Bürgern heranbilden. Sie verstehen nicht, wie unser politisches System funktioniert, sie verstehen nicht, wie unser Steuersystem funktioniert, das, was man wissen muss, damit man wirklich kompetent mitleben kann. Ich erwarte nicht, dass sich alle politisch engagieren, aber dass sie wissen, um was es geht. Das findet nicht statt.

Was nützt es, wenn die grossen Pharmafirmen junge Menschen nur zu Chemielaboranten ausbilden. Sie müssten mit solchen Jugendlichen auch über Globalisierung reden, darüber, was Gentechnologie heisst. Sie müssten selber ein Interesse daran haben, bewusste Mitarbeitende zu haben, nicht einfach Dumme, die wissen, dass man hier auf den Knopf drückt und dann kommt weisse Farbe raus oder sowas. Was wir zunehmend brauchen werden, sind Menschen, die ein ganz breites Tätigkeits-Portfolio haben, die Schlüsselkompetenzen und nicht nur den Beruf gelernt haben.

Wir leben mental, in unserer Sprache, manchmal noch in der Agrargesellschaft oder höchstens in der Industriegesellschaft und realisieren nicht, dass drei Viertel aller Erwerbstätigen in der Schweiz Dienstleistungsfunktionen wahrnehmen. Und in dieser Dienstleistungs-, Kommunikations- und Informationsgesellschaft gibt es in zunehmendem Masse nur noch Kompetenzen, aber keine Berufe mehr. Natürlich braucht es noch den Chirurgen. Es gibt Jobs, die bleiben Spezialistenjobs. Aber die breite Masse verkauft heute Reisen übers Internet und morgen organisieren sie irgendeinen Event und verkaufen drei Tage später Versicherungen.

Was meine ich mit Schlüsselkompetenzen? Schlüsselkompetenzen haben etwas mit Sprache zu tun, sie haben etwas zu tun mit Kommunikation, z. B. mit den Kundinnen und Kunden, auch mit einer gewissen Frustrationstoleranz, mit Teamarbeit, mit vernetztem Denken, mit dem Kombinieren-Können von Fähigkeiten.

Was ich von den Unternehmen erwarte, ist, dass sie nicht mehr sagen: Sie haben hier eine Stelle auf Lebenszeit und fertig. Sondern, dass sie die Menschen, und zwar alle, permanent fit halten, so dass deren Chancen, wenn sie eine neue Stelle suchen müssen, sehr viel besser sind. Und die Betonung liegt auf alle. Was wir heute in der betrieblichen Weiterbildung sehen, ist Matthäus-Prinzip: Wer hat, dem wird gegeben. Je höher man schon gebildet, qualifiziert ist, desto mehr Möglichkeiten bekommt man noch. Die breite Masse bleibt auf der Strecke, das sind genau die, die dann Schwierigkeiten haben.

In der Sozialpolitik betreiben wir eine end-of-pipe-Politik wie in der Umweltpolitik der 60er-Jahre. Die Umweltpolitik hat angefangen mit: Oh je, die Seen sterben, die Luft ist dreckig, machen wir das irgendwie wieder sauber. Dann hat man in den 70er-Jahren gemerkt, dass das verdammt teuer ist, dass es also gescheiter wäre, das Wasser vorher zu reinigen und den Filter einzubauen, bevor die Luft dreckig wird. Soweit sind wir in der Sozialpolitik noch nicht. Wir fangen erst an zu arbeiten, wenn die Menschen arm sind, krank sind, arbeitslos sind. Prävention heisst, dass man schaut, dass alle dranbleiben, dass sich alle regelmässig qualifizieren.

In der Industriegesellschaft hiess es: Wir werden die nächsten dreissig Jahre Autos herstellen, also braucht es Automechaniker, Handwerker, die quasi den Motor hören und wissen, wo sie Schrauben anziehen müssen und wo etwas geputzt werden muss. Das ist vorbei. In unserer heutigen Dienstleistungswelt brauchen wir bunte Hunde mit möglichst vielen Erfahrungen. Die Arbeitswelt ändert sich. Das Bildungssystem muss das nachvollziehen, sonst bilden wir die Menschen falsch aus. Die Wirtschaft wehrt sich schon dagegen und reklamiert und sagt: Wir können die Leute aus der Schule gar nicht brauchen, ihr müsst die nachbilden. Auch die Gesellschaft muss sich wehren und sagen: Die da aus der Schule kommen, das sind noch keine Bürgerinnen und Bürger. Bildung muss wieder stärker Teil der gesellschaftlichen Formierung werden.

# The War for Top Talents

Martin Batzer (54), Head Pharma Affairs der Novartis Pharma AG

Ich bin in Stuttgart geboren und mit 2 Jahren nach Arlesheim gekommen. Dort habe ich den Kindergarten, die Primarschule und dann das Progymnasium besucht. Anschliessend war ich vier Jahre lang in einem Institut am Bodensee. Das Gymnasium habe ich wieder in Basel fertig absolviert und danach auch hier studiert. Es folgten fünf Jahre mit Praktika, Advokaturexamen und Tätigkeit als Rechtsanwalt in Zürich. Dissertiert habe ich an der Uni Basel, bin dann in die Rechtsabteilung der Sandoz eingetreten und war mit etwa 30 während sieben Monaten beruflich in Indien. Seit meiner Rückkehr wohne ich in Basel.

 2022 wird Basel eine Stadt sein, in der Wissenschaft – Biotechnologie, Gesundheitstechnologie, weniger Maschinentechnologie – eine sehr zentrale Rolle einnimmt. Entsprechend werden auch Bildung und Kultur einen sehr hohen Stellenwert haben. Basel wird weniger industriell sein, und ein Teil der Arbeitsstellen wird noch mehr Qualifikation erfordern. Letzlich führt das zu einem grösseren sozialen Gefälle in Basel, das Leben hier wird teuer sein. Basel wird eine sichere Stadt, mit einer sehr hohen Lebensqualität. Politisch wird sich Basel wahrscheinlich weiter in eine sozialverantwortliche Richtung entwickeln und nicht bürgerlich dominiert sein. Die Stadt wird noch multikultureller, als sie es heute schon ist. Der englischsprachige Anteil wird zunehmen, auch der fernöstliche Anteil.

 Durch die Erfordernisse der Arbeitsplätze und das Angebot an Jobs wird es, wie gesagt, ein grösseres soziales Gefälle geben, was zu Spannungen führen kann. Wie wir damit umgehen können, wird eine Frage der Zeitwerte sein. Und da hoffe ich natürlich, dass es eine konstruktive und nicht eine destruktive Spannung ist. Auch wenn es durch die multikulturelle Gesellschaft mehr Gruppierungen geben wird, die bis zu einem gewissen Mass wieder in sich geschlossene Kreise sein werden, hoffe ich doch, dass diese nicht ganz geschlossen, sondern permeabel, durchlässig, und nicht nur semipermeabel sind, damit sie sich gegenseitig potenzieren und nicht behindern. Das ist die grosse Chance, dass man sich gegenseitig befruchtet und etwas Konstruktives aufbaut. Das ist auch eine riesige Chance für Basel, heisst aber auch, dass es z. B. im Kulturbereich noch viel mehr fragmentierte, sogenannte Publika geben wird und nicht nur ein Publikum.

 Im Standortattraktivitätswettbewerb wird Basel sicher bestehen können – ich bin Optimist. Einerseits ist dieser Wettbewerb eine staatliche Aufgabe, auf der anderen Seite aber auch, gerade in Grosskonzernen, eine konzerninterne Aufgabe. Die Leitung des Standortes Basel muss sich gegenüber anderen Standorten, die jetzt sehr stark wachsen, profilieren, seien das solche im Fernen Osten oder in den USA.

Ein Konzern tritt nach aussen als Einheit auf, aber eine Führung des Standortes Basel hat selbstverständlich nicht nur parallele Interessen mit der Führung des Standortes Boston. Die Standorte stehen in einem konzerninternen Konkurrenzkampf. Also werden sich die lokalen, die Standortleitungen darum bemühen, möglichst attraktive Rahmenbedingungen zu gestalten. Das beinhaltet neben den entsprechenden Wohn- und Schulungsmöglichkeiten, neben der Sicherheit, insbesondere auch ein attraktives Kulturangebot. Das Angebot z. B. auf dem Campus allein genügt nicht. Das Zentrum unseres Lebens, unsere Familien, die leben ja nicht hier auf dem Campus. Und ich fühle mich da wohl, wo sich meine Familie wohl fühlt.

Das Kulturangebot in Basel trägt also wesentlich zur Standortattraktivität bei. Diesbezüglich wird es sehr schwierig sein zu entscheiden, ob das Kulturangebot der vermehrten Fragmentierung Rechnung tragen oder gerade einen Gegentrend setzen soll. Auch wird der vermehrten «Event»-Kultur Rechnung zu tragen sein. Gerade das Theater sollte hier als konstanter Faktor ein Gegengewicht gegen diese Trends schaffen.

Was nun die Schulungsmöglichkeiten betrifft, so kann kein Standort allein genügend Mitarbeiter heranbilden. Sie brauchen ja in einem gewissen Masse die Spezialisierung, zum Beispiel bei der Systembiologie. Sie brauchen den Mathematiker, der seine Erkenntnisse in den Dienst der Biologie stellt. Sie brauchen den Informatiker, der Informatik nicht nur als reine Wissenschaft ansieht, sondern ebenfalls in den Dienst der Biologie stellt. Sie brauchen den Chemiker, den Statistiker. Die Systembiologie ist ja nichts anderes als die Zusammenfassung aller Fakultäten, um die entsprechenden bereichsübergreifenden Erkenntnisse und deren Ein- und Auswirkungen in der Biologie zu erfassen. Und diese hohe Spezialisierung werden Sie nie erreichen, indem Sie in jeder dieser Fakultäten absolute Weltklasse sind. Aber die Integration, die muss Weltklasse sein. Also spielt Vernetzung eine immer grössere Rolle. Es wird nicht so sein, dass ein Standort in allem top sein wird, sondern die Meisterschaft wird darin bestehen, die entsprechende Vernetzung zu bewerkstelligen. Ich rede von wissenschaftlicher Integration.

Und diese Vernetzung wird zunehmen. Netzwerke zu gestalten, Netzwerke zu führen, das ist die zentrale Fähigkeit, die in der Zukunft geschult und auch erlangt werden muss. Das aber wird heute zu wenig gefördert. Heute wird Ihnen an den Universitäten in erster Linie Fachwissen in ihrer Fakultät angeboten.

So ein Systembiologie-Institut ist ein sehr guter erster Schritt in diese Zukunft, genau das richtige, das einzig richtige. Der ganze Forschungsverbund Schweiz, der hier angestrebt wird, bedingt, dass die Studenten, die Assistenten und Professoren lernen, multifunktional Ziele anzugehen.

Ein Institut für Systembiologie, wie es jetzt in Basel aufgebaut werden soll, hat ein riesiges Potenzial, womit man natürlich die entsprechenden Topleute weltweit anziehen kann. Und wenn man die Topleute von den Universitäten, von den Köpfen her hat, wird man auch die Topstudenten hier haben. Es ist völlig egal, woher diese kommen, es geht um die Fähigkeit des Kopfes. Es geht dann nicht um irgendwelche sprachlichen oder sonstigen Besonderheiten, sondern um die intellektuellen Kapazitäten.

Und diese Köpfe müssen wir nicht nur nach Basel holen, sondern auch hier halten. Wieso bauen wir denn einen Campus im St. Johann? Es geht dabei um nichts anderes, als um Menschen und um attraktive Arbeitsplätze. Es gibt viele Bücher zum Thema Konkurrenzkampf im Bereich der Personalrekrutierung, zum Beispiel «The War for Top Talents», der Ausdruck Krieg ist bewusst gewählt. Das ist ein Konkurrenzkampf, den Sie schon lange nicht mehr nur mit Salär oder rein monetären Leistungen führen können. Sie müssen diesen Kampf letztlich auch durch Attraktivität gewinnen, Sie müssen den Mitarbeitern weit über das Salär hinaus etwas bieten.

Darum unternimmt Novartis die enormen Anstrengungen in der Gestaltung des Arbeitsumfeldes. Es dreht sich darum, wie Sie einerseits Top Talents zu uns bringen und wie Sie diese halten können. Und so ein Top-Mitarbeiter, der bleibt hier, weil er es richtig findet, hier zu arbeiten, weil er stolz auf diese Firma ist, weil er sich mit deren Werten identifizieren kann und weil sich seine Familie hier wohl fühlt. Das sind die wesentlichen Beweggründe, und wenn die stimmen, haben Sie den Kampf gewonnen.

# D Schtadt läse

*Variation nach Motiven von Lucius Burckhardt\**

Guy Krneta

D Schtadt isch e Bibliothek. Jedes Huus isch e Buech, wo verzellt, wie d Schtadt emol gsi isch. Wie si baut worde isch und für wär. Wie me sich vorgschtellt het, drin z läbe. Nid jedes Buech isch im glyche Zueschtand. S het Büecher, wo Syte fähle. Anderi Büecher fähle ganz. Nöieri Büecher schtöhn an dr Schtell, wo vorhär älteri gschtande sin. Verzelle vonere Zyt, wo si do ane ko sin, anschtell vo dene Büecher, wo jetzt fähle. Verzelle vomene Zytgeischt, wo sich verflüchtigt het. Vo Interässe, wo beschtimmend gsi sin und jetzt nümm beschtöhn. Wo sich do vereewigt hän, vellicht unfreywillig. D Schtadt isch e Dänggmol. Wo uns dra erinnered, dass Entscheidige gfellt worde sin. D Schtadt isch das, wo übrig blybt, wenn d Politik entscheidet, oder entscheidet, Entscheidige Andere z überloh.

D Schtadt isch unsichtbar. So wie s Land unsichtbar isch. D Schtadt entschtoht in unsere Köpf, wenn mr si aaluege, us einzelne Zeiche, wo sage: Achtung, Schtadt! Zeiche, wo mr erkenne oder drzue dängge. Was zunere Schtadt ghört, wüsse mr. Drum wüsse mr, dass es e Schtadt isch. Und wils e Schtadt isch, dängge mr s Fähelnde drzue, wo zur Schtadt ghört, damits e richtigi Schtadt isch. Oder es fallt uns uff, dass s Fählendi fählt. So, dass mr sage: D Schtadt isch au nümm das, was si emol gsi isch. Mit andere Wort: D Schtadt isch das, was si emol gsi isch.

D Schtadt isch e Schprooch. Wo mr glernt hän z verschtoh. So, dass mr nid um d Froog ume kömme: Wär redet do? Und mit wäm? S git kuum e Möglikgeit, die Schprooch z lerne, wenn mr si nid glernt hän. Aber wo hämmr si glernt? Und für was? Isch d Schtadt e Muetterschprooch? Oder unseri erschti Fremdschprooch? Wie viel Muetterschprooche hämmr? Und wie viel Fremdschprooche könne mr lerne? Schliesse sich Schprooche gegesytig us im Kopf? Könne mr gwüssi Schprooche nid lerne, wil mr anderi scho könne? Könne mr s Land nid verschtoh, wil mr d Schtadt verschtöhn? Könne mr s Land in d Schtadt übersetze? Und umgekehrt? Wie tönt das? Wie seht das us?

D Schtadt ka me läse. Vo vorne und vo hinde. Vo obe und vo unde. Und jedes Mol entschtoht öppis anders im Kopf, wenn mr die Schtadt us ere andere Perschpektive läse. Mr könne laufe, mr könne renne, mr könne s Auto näh oder d U-Bahn. Und jedes Mol seit uns die glychi Schtadt öppis anders. Im einte Fall hämmr s Gfühl, s syg e schöni Schtadt. Wil d Bilder im Kopf öppis entschtoh löhn, wo mr kenne. Wo mr als schön im Kopf hän. Im andere Fall ergähn die Bilder im Kopf nüt. Verlaufe sich d Schpure, ohni dass me ihne folge ka.

---

\* Im Herbst 2015 wird zu Ehren des wichtigsten Baslers des 20. Jahrhunderts, Lucius Burckhardt (1925–2003), an der Universität Basel ein Lehrstuhl für Spaziergangswissenschaften eingerichtet.

D Schtadt het e Dramaturgie. Wo entschtoht, wenn me lauft. E Schpannig, wo sich im Kopf ufbaut. Die meischte Schtedt sin so baut, wie si baut sin, wil me drvo usgange isch, dass me z Fuess durch si durelauft. Wo me ufghört het, z Fuess durch d Schtedt z laufe, het me anderi Schtedt afoh baue. Me het d Schtedt em Auto überloh. D Dramaturgie vo dr Schtadt isch im Kopf vo dene entschtande, wo mit em Auto durch d Schtadt duregfahre sin. Oder mit dr U-Bahn. D Schtadt het sich zämmegsetzt im Kopf vo dene, wo us dr U-Bahn usgschtyge und plötzlig vor eme Gebäude gschtande sin. Me isch nümm drvo usgange, dass me uf e Gebäude zuelauft, sich d Schpannig im Kopf ufbaut, wil me nöcher kunnt. Plötzlig isch me vor em Gebäude gschtande. Und das het müesse schpannend si. Us sich sälber use. Ohni Vorlauf.

Zum Byschpyl: S Kirchli vo Wasse. E absolut unschpektakulärs Kirchli. Wies mehreri het uf dere Schtreggi Richtig Tessin. Wo me ohni z luege dra vrbi raast. Das Kirchli kriegt erscht e Schpannig, wenn me dr Zug nimmt. Wenn mes vom Zug us dreymol seht, immer us ere andere Perschpektive. Und jetzt muess das Kirchli uf eimol us sich sälber wirke. Wil me d Kehrtunnel abschafft, d Schtrecki begradiget, Gotthard Basistunnel. Das Kirchli vo Wasse muess uf eimol höcher si als alli Bärge rund ume. Es muess s halbe Tal usfülle.

D Schtadt isch rych, wo me sich verplant het. Wo sich gegesätzligi Interässe gegesytig lähme, fohts afoh wuchere. Entschtoht d Zuekunft. Wachst d Schtadt über sich sälber use.

E anders Byschpyl: Dr Schnägg. Als Kind simmr mänggmol uf e Schnägg. Dr Schnägg isch e Hügel. In dr Nöchi, wo my Tante und my Unggle gwohnt hän. Wenn mr myni Tante und my Unggle sin go bsueche, simmr mänggmol no z Fuess uf e Schnägg. Dä Hügel het so gheisse, wil me numme schpiralförmig ufekönne het. De Büsch entlang. Dr Schnägg isch nid hoch gsi und zmittst imene Wohnquartier gläge. Obe hets e Bänggli gha. Wenn me grad uf dä Hügl hätt ufekönne, wär kei Mensch uf däm Bänggli gsässe. Hätt dä Hügel nid emol e Name gha, kei Bedüütig, höchschtens im Winter zum Schlittle.

Aus dem Berndeutschen von Lukas Holliger

# Die Stadt lesen
*Variation nach Motiven von Lucius Burckhardt\**

Guy Krneta

Die Stadt ist eine Bibliothek. Jedes Haus ist ein Buch, das erzählt, wie die Stadt einmal war. Wie sie gebaut wurde und für wen. Wie man sich vorstellte, darin zu leben. Nicht jedes Buch ist im gleichen Zustand. Es gibt Bücher, in denen Seiten fehlen. Andere Bücher fehlen ganz. Neuere Bücher stehen an der Stelle, wo vorher ältere standen. Erzählen von der Zeit, als sie hierherkamen, anstelle der Bücher, die jetzt fehlen. Erzählen von einem Zeitgeist, der sich verflüchtigt hat. Von Interessen, die einmal bestimmend waren und die es jetzt nicht mehr gibt. Die sich hier verewigt haben, vielleicht unfreiwillig. Die Stadt ist ein Denkmal. Das uns daran erinnert, dass Entscheidungen gefällt wurden. Die Stadt ist das, was übrig bleibt, wenn die Politik entscheidet, oder entscheidet, die Entscheidungen Anderen zu überlassen.

Die Stadt ist unsichtbar. So wie das Land unsichtbar ist. Die Stadt entsteht in unseren Köpfen, wenn wir sie anschauen, aus einzelnen Zeichen, die sagen: Achtung, Stadt! Zeichen, die wir erkennen oder die wir uns dazudenken. Was zu einer Stadt gehört, wissen wir. Darum wissen wir, dass es eine Stadt ist. Und weil es eine Stadt ist, denken wir uns das Fehlende dazu. Was zur Stadt gehört, damit es eine richtige Stadt ist. Oder es fällt uns auf, dass das Fehlende fehlt. So dass wir sagen: Die Stadt ist auch nicht mehr das, was sie einmal war. Mit anderen Worten: Die Stadt ist das, was sie einmal war.

Die Stadt ist eine Sprache. Die wir zu verstehen gelernt haben. So, dass wir nicht um die Frage herumkommen: Wer redet da? Und mit wem? Es gibt kaum eine Möglichkeit, die Sprache zu lernen, wenn wir sie nicht gelernt haben. Aber wo haben wir sie gelernt? Und wofür? Ist die Stadt eine Muttersprache? Oder unsere erste Fremdsprache? Wie viele Muttersprachen haben wir? Und wie viele Fremdsprachen können wir lernen? Schliessen sich die Sprachen gegenseitig aus im Kopf? Können wir gewisse Sprachen nicht lernen, weil wir schon andere kennen? Können wir das Land nicht verstehen, weil wir die Stadt verstehen? Können wir das Land in die Stadt übersetzen? Und umgekehrt? Wie klingt das? Wie sieht das aus?

Die Stadt kann man lesen. Von vorne und von hinten. Von oben und von unten. Und jedes Mal entsteht etwas anderes im Kopf, weil wir die Stadt aus einer anderen Perspektive lesen. Wir können laufen, wir können rennen, wir können das Auto nehmen oder die U-Bahn. Und jedes Mal sagt uns die gleiche Stadt etwas anderes. Einmal haben wir das Gefühl, es sei eine schöne Stadt. Weil die Bilder im Kopf etwas entstehen lassen, das wir kennen. Was wir als schön im Kopf haben. Ein anderes Mal ergeben die Bilder im Kopf nichts. Verlaufen die Spuren, ohne dass man ihnen folgen kann.

---

\* Im Herbst 2015 wird zu Ehren des wichtigsten Baslers des 20. Jahrhunderts, Lucius Burckhardt (1925–2003), an der Universität Basel ein Lehrstuhl für Spaziergangswissenschaften eingerichtet.

Die Stadt hat eine Dramaturgie. Die entsteht, wenn man läuft. Eine Spannung, die sich im Kopf aufbaut. Die meisten Städte sind gebaut, wie sie gebaut sind, weil man davon ausging, dass man sie zu Fuss durchquert. Als man aufhörte, die Stadt zu Fuss zu durchqueren, fing man an, andere Städte zu bauen. Man überliess die Stadt dem Auto. Die Dramaturgie der Stadt entstand im Kopf von denjenigen, die die Stadt mit dem Auto durchquerten. Oder mit der U-Bahn. Die Stadt setzte sich zusammen im Kopf von denjenigen, die aus der U-Bahn stiegen und plötzlich vor einem Gebäude standen. Man ging nicht mehr davon aus, dass man auf ein Gebäude zugeht. Dass sich die Spannung im Kopf aufbaut, während man näher kommt. Plötzlich stand man vor dem Gebäude. Und das musste spannend sein. Aus sich selbst heraus. Ohne Vorlauf.

Zum Beispiel: Die Kirche von Wassen. Ein absolut unspektakuläres Kirchlein. Wie es viele gibt auf der Strecke Richtung Tessin. An denen man vorbeirast, ohne sie zu beachten. Das Kirchlein bekommt erst eine Spannung, wenn man den Zug nimmt. Wenn man es vom Zug aus drei Mal sieht, immer aus einer anderen Perspektive. Und jetzt muss das Kirchlein auf einmal aus sich selber heraus wirken. Weil man die Kehrtunnel abschafft, die Strecke begradigt, Gotthard-Basistunnel. Die Kirche von Wassen muss auf einmal höher sein als alle Berge ringsum. Sie muss das halbe Tal ausfüllen.

Die Stadt ist reich, wo man sich verplant hat. Wo sich gegensätzliche Interessen gegenseitig lähmen, fängt es an zu wuchern. Entsteht die Zukunft. Wächst die Stadt über sich selber hinaus.

Ein anderes Beispiel: Der Schneck. Als Kind gingen wir manchmal auf den Schneck. Der Schneck ist ein Hügel. In der Nähe, wo meine Tante und mein Onkel wohnten. Wenn wir meine Tante und meinen Onkel besuchten, gingen wir manchmal zu Fuss auf den Schneck. Der Hügel hiess so, weil man nur spiralförmig hochlaufen konnte. Den Büschen entlang. Der Schneck war nicht hoch und mitten in einem Wohnquartier gelegen. Oben stand eine Bank. Hätte man gerade auf den Hügel hochlaufen können, kein Mensch wäre auf der Bank gesessen. Der Hügel hätte nicht einmal einen Namen gehabt, keine Bedeutung, höchstens im Winter zum Schlittenfahren.

Aus dem Baseldeutschen von Ursina Greuel

## 15.02.2022

| | | |
|---|---|---|
| 89 | **Arbeiten, wo man wohnt** | Christian Felber |
| 91 | **New Port und Hafenstadt** | Sibylle Ryser |
| 93 | **Was passiert mit den Chinesen?** | Benedikt Loderer |
| 95 | **Chinesen und Berufsbasler** | Diskussion |
| 97 | **Verlierer in welchem Spiel?** | Diskussion |
| 99 | **Worauf ich hinaus möchte** | Alain Claude Sulzer |

Diese Gesprächsrunde fand ausnahmsweise im Schweizerischen Architekturmuseum statt, im Rahmen der Veranstaltung «Freezone».

Basel blickt nicht mehr wie ein hypnotisiertes Kaninchen nach Zürich, sondern geniesst endlich wieder die freie Sicht rheinabwärts nach Europa.
*Sibylle Ryser*

Unsere Zukunft wird eher in China entschieden als am Passwang.
*Benedikt Loderer*

# Arbeiten, wo man wohnt

Christian Felber (54), Direktor Christoph-Merian-Stiftung

Ich bin ein eingewanderter Basler. Aufgewachsen in Aarau, habe ich in Bern Fürsprecher studiert und bin erst im Alter von 36 Jahren nach Basel gekommen. Ich habe Basel also spät kennengelernt – und lerne es immer noch kennen.

Bei der Stadtplanung gibt es immer Opfer und Täter. Die Christoph-Merian-Stiftung mit Hunderten Hektaren Land in und um Basel ist sicher ein Täter. Also bin auch ich einer und das gerne und lustvoll.

Die Ausgangslage für mich ist diese: Basel ist eine Stadt mit sehr grossem Wohlstand. Wohlstand in kulturellen Dingen, auch in der Architektur, auf einer unheimlich starken ökonomischen Basis. Dieser Wohlstand wird auch in Zukunft weiter wachsen. Mehr und mehr reiche Menschen werden in diese Stadt kommen, reich an Kultur, aber auch an Ökonomie. Diese werden nicht mehr in den Vorstädten wohnen, weil sie nicht mehr Stunden lang im Stau stehen wollen, wenn sie zur Arbeit gehen, wenn sie kulturelle Veranstaltungen besuchen. Das Privileg wird sein, nicht mehr auf ein Auto angewiesen zu sein. Ich sehe also eher eine Trendwende: Die Armen, die Benachteiligten ziehen in die Vorstädte, und die Reichen, die Wohlhabenden, denen es gut geht, kommen in die Stadt.

So wird es auch beim Verkehr sein. Was heute noch als Privileg betrachtet wird, dass man sein eigenes Fahrzeug benützt, das wird sinnlos, das wird politisch nicht mehr korrekt sein. Die Nähe zur Arbeit, die Nähe zur Kultur wird das grosse Privileg sein. Für die Besuche im Umfeld, um in die Natur hinauszugehen, wird es andere Mittel als das private Fahrzeug geben. Auch hier wird es eine Trendwende geben: Die Strasse wird völlig an Bedeutung verlieren und nicht mehr mit öffentlichen Mitteln gefördert werden.

Ich selber wohne im Gundeli. Das ist ein wunderschönes, lebendiges und dichtes Quartier. Ich habe lange Zeit mit meiner Familie in Binningen, in einer Vorstadt also, gewohnt, und es war trostlos, leblos. In Schweizerdeutsch haben wir einen schönen Ausdruck dafür: «Es tötelet» in diesen Quartieren. Es gibt auch in Basel – auf dem Bruderholz, im Gellert – Quartiere, die ohne jedes Leben sind. Im Gundeli ist es dagegen dicht und belebt. Ich treffe viele Menschen und wir grüssen einander auf der Strasse, in der ich wohne.

Dieses Quartier und die Stadt Basel haben die enorme Qualität, immer wieder Fremde, immer wieder Zuzüger integrieren zu können. Der Grund dafür ist der Wohlstand. Nur der Wohlstand erlaubt es, diese Kraft zu entwickeln, immer wieder neue Zuzüger in grosser Zahl zu integrieren. Deshalb bin ich davon überzeugt, dass dieses Quartier und weite Teile der Stadt lebendig sein werden, reich an Begegnungen, an Gemeinschaft, an Zusammensein von Menschen.

Die Türkenläden von heute haben dann den Aufstieg über diverse Etappen hinauf geschafft. Aus dem kleinen Laden ist entweder eine Ladenkette geworden – oder der einstige Ladenbesitzer hat eine Anstellung als Fillialleiter bei Coop oder Migros erhalten – in beiden Fällen hat er sich eine wirtschaftlich gesicherte Existenz geschaffen.

Darüber hinaus entwickeln Zuzüger immer wieder neue Initiativen und sind damit erfolgreich. Denn die Menschen haben genug von der Langeweile, die sich damals, im Jahre 2007, ausgebreitet hat, und sehnen sich nach regionalen, nach echten, auch nach umweltverträglichen Produkten und Dienstleistungen. Diese Sehnsucht wird gestillt werden.

Aus dem Dreispitz-Quartier sind die 40-Tönner-Lastwagen verschwunden. Die Hochschule für Gestaltung und Kunst, die damals im Februar 2007 den Projektkredit erhalten hat, ist ein internationales Zentrum. Darum herum leben Menschen in den ehemaligen Industriebauten. Hunderte von Wohnungen sind dort entstanden und auch ein grosses Zentrum für Galerien und Ateliers. Ein eigentliches art cluster wurde in den letzten 15 Jahren realisiert. Das war schon damals der grosse Leuchtturm dieses Projekts: 900 Wohnungen, 1500 bis 2000 Menschen, die hier wohnen, und 5000 oder noch mehr Menschen, die in diesem Quartier arbeiten. Die Vision von 2007 ist verwirklicht worden: Man arbeitet, wo man wohnt.

# New Port und Hafenstadt

Sibylle Ryser (47), freischaffende Grafikerin und Kulturpublizistin

Ich bin gelernte Baslerin. Heute habe ich mit leisem Schrecken festgestellt, dass ich seit genau 20 Jahren in Basel bin. Hergekommen bin ich aus Ausbildungsgründen, geblieben bin ich u.a. deshalb, weil in Basel der Himmel bis auf den Boden reicht und nicht irgendwo auf halber Höhe von einer Alpenkette gestoppt wird.

Ich muss gestehen, ich bin etwas aufgeregt. Heute Nachmittag, an diesem 15. Februar 2022, hatte ich einen Ortstermin zu einer Vertragsunterzeichnung. Wenn alles klappt, werde ich mit meinem Grafikatelier in die neue Hafenstadt umziehen, in eines der umgebauten Silogebäude direkt am Rhein. Ich hoffe, Sie drücken mir alle die Daumen!

In den letzten Jahren haben wir ja im Hafengebiet die erfreulichsten Veränderungen erlebt. Das Gebiet von der Dreirosenbrücke über das Dreiländereck bis hinunter zum New Port sieht heute ganz anders aus als noch vor wenigen Jahren. Man muss sich ab und zu vor Augen halten, dass es noch keine 15 Jahre her ist, dass unsere Stadt sozusagen mit dem Rücken zum Rhein stand! Damals konnte man sich ja gar nicht vorstellen, dass Basel noch im ersten Viertel dieses 21. Jahrhunderts zu einer echten Hafenstadt wird. Nur eine Handvoll Utopisten aus Architektenkreisen und ein paar unentwegte Kämpfernaturen im Baudepartement wollten den Glauben an eine Zukunft am Wasser nicht aufgeben und lobbyierten entsprechend. Zum Glück hat dann die Presse das Thema aufgegriffen, und so wurde auch die Öffentlichkeit aus ihrer natürlichen Trägheit aufgeschreckt. Endlich merkten die Baslerinnen und Basler, was ihnen in all den Jahren entgangen war, als sie den Rhein nur den Schiffen überliessen. Diese Aufbruchsstimmung damals in den Jahren 08/09, als es in Basel-Nord so richtig losging, bleibt unvergesslich.

Die Atmosphäre im alten Hafen hat mich schon immer fasziniert. Als ich vor 35 Jahren aus der Schweiz nach Basel einwanderte, war meine erste WG-Adresse an der Dorfstrasse in Kleinhüningen. Wir Kunstgewerbeschüler – wie es damals noch hiess – sind oft am Wochenende im Hafengebiet herumgestreut. Wir waren begeistert von den farbigen Containern, den grossen Schiffen, diesen eigenartigen Maschinen und rätselhaften Bauten. Alles wirkte so unschweizerisch und grosszügig und offen. Man brauchte wirklich nicht viel Phantasie, um das Meer riechen zu können…

Viel später dann, als ich beruflich schon längst auf eigenen Füssen stand, erhielt ich einen wunderbaren Auftrag: Ich gestaltete ein Buch mit dem schönen Titel «Heimathafen Basel». Darin erzählt eine Ethnologin die Geschichte des Hafens. Es erschien mir beinahe wie ein Zeichen, dass es in meinem Leben immer wieder eine Verbindung zum Hafen geben sollte … Und jetzt sieht es ja tatsächlich so aus, als ob ich mein verbleibendes Arbeitsleben in der Hafenstadt verbringen dürfte.

Dort, wo ich hinziehe, in die Hafenstadt, war früher der alte Hafen. Der eigentliche Hafen ist heute der New Port. Dieser wurde vier Kilometer nördlich von Basel in eine alte Kiesgrube verlegt, die schon lange brach gelegen hatte. Der neue trinationale Hafen ist heute achtmal so gross wie damals in Kleinhüningen!

Natürlich lebt die Hafenstadt auch ein bisschen vom romantischen Image des ehemaligen Hafens. Aber ein Freilichtmuseum ist das Gebiet nicht, auch heute wird dort gearbeitet. Viele Berufe im kreativen Sektor, Handwerk und Gastronomie sind vertreten, und natürlich wird dort auch gewohnt.

Meine neuen Atelierräume liegen ganz in der Nähe der ehemaligen Landesgrenze. Die Gründung des «trinationalen Eurodistrikts Basel» im Januar 2007 war den Zeitungen damals nur eine kleine Agenturmeldung wert, aber keine zwei Jahre später war der Eurodistrikt *das* Thema!

Der Baubeginn des New Port nördlich von Basel war ja nur der Anfang. Richtig ins Rollen kam die grenzüberschreitende Zusammenarbeit, als die Konzepte des «arc urbain» realisiert wurden, der nördliche Städtebogen von Hüningen über Kleinhüningen nach Lörrach. Der Eurodistrikt, der am Anfang nur nach langweiliger Verwaltungsreform klang, hat dazu geführt, dass sich die Stadt im trinationalen Umfeld entwickeln konnte. Und dank dem Eurodistrikt ist es vor zwei Jahren sogar gelungen, endlich die Kantonstrennung zu überwinden! Im Nachhinein kann man sagen, es war relativ schmerzlos ...

Das Ganze hat die schöne Nebenwirkung, dass Basel nicht mehr wie ein hypnotisiertes Kaninchen nach Zürich blickt, sondern endlich wieder die freie Sicht rheinabwärts nach Europa geniesst. Das entspricht ja eigentlich auch der Basler Geschichte. Denn abgesehen von einer – historisch gesehen – kurzen Episode im 19./20. Jahrhundert war der Rhein immer schon die Verbindung zu unseren Nachbarn. Vom Mittelalter bis ins 18. Jahrhundert war er eine Seidenstrasse, auf der Handel getrieben wurde und Ideen zirkulierten. Dass Basel seine sozusagen natürliche Verbindung zu Europa wieder beleben konnte, ist für mich das Entscheidende an all den erfreulichen Entwicklungen der letzten Jahre.

Zum Schluss möchte ich Ihnen gerne noch kurz meine Zukunftsvision schildern: Im Jahr 2033 wacht die Restschweiz auf und reibt sich die Augen. Beid-Basel hat sich von Bern losgesagt und ist mit seinem Eurodistrikt der EU beigetreten. Während man in Bern noch bedächtig überlegt, ob so ein Schritt verfassungskonform sei, und in Zürich debattiert, zu welchem Preis man uns unter Umständen gehen lassen würde, haben sich die Westschweizer Kantone des Jurabogens bereits bei uns gemeldet. Genf, Neuenburg und Delémont wollen diplomatische Beziehungen mit Beid-Basel aufnehmen. Sie schlagen vor, eine transjurassische Republik zu gründen und unsere Anliegen in der EU gemeinsam zu vertreten.

# Was passiert mit den Chinesen?

Benedikt Loderer (61), Stadtwanderer und Redaktor ‹Hochparterre›, Zürich

Ich bin ein Terzo. Ich bin Bürger von Basel und ein klassisches Spätkind der Einwanderer von 1900. Mein Grossvater kam, wie es sich gehört, aus Württemberg und wurde 1911 eingebürgert. Als er schon 10 Jahre da war, hat man ihm einen Brief geschickt und gefragt: «Willst du?» Und er hat gesagt: «Ja.» So bin ich jetzt eigentlich der einzige wirkliche Basler hier am Tisch.

Wenn man Prognosen für die Zukunft stellt, muss man sich auch darüber unterhalten, welche Dinge denn eigentlich fix sind und welche nicht. Alle grossen Prognostiker tun so, wie wenn alles gleich wäre und nur ein einziges Ding sich ändern würde, und dass man daraus dann schliessen könnte, dass im Jahre 2022 alles so oder anders ist. Ich mache Ihnen deshalb einen Vorschlag: Wir reden über drei grosse Probleme und versuchen, aus diesen heraus zu entwickeln, ob wir dann noch am selben Ort sein werden oder nicht.

Erstens können Sie wählen, ob der Energiepreis 2022 zehnmal oder nur zweimal so hoch sein wird wie heute. Das hat natürlich Folgen, ich werde darauf zurückkommen.

Dann dürfen Sie rätseln, ob sich die EU zu den Vereinigten Staaten von Europa weiterentwickelt hat und ob daraus eine Art Europa der Regionen entsteht, oder ob wir dann vielleicht, trotzig wie wir sind, ein europäisches Monaco eröffnen. Da man uns ja sowieso vorwirft, wir seien ein Hehlerstaat, machen wir das doch grad richtig und sind der Hafen für alles Fluchtkapital und benehmen uns schweinisch, aber verdienen Geld.

Dann ist da noch die Frage: Was passiert mit den Chinesen? Das sind ja unsichere Leute, von denen wir nichts wissen. Sie haben zwei Möglichkeiten: Sie können sagen, die zivilisieren sich – wobei das nichts anderes heisst als, die sind so anständig, wie wir gerne wären –, oder Sie können sagen, die werden aggressiv und werden uns bedrohen.

Also: Sie haben dreimal zwei Möglichkeiten und können wählen. Was nichts anderes heisst als: Basel hängt überhaupt nicht von den Baslern ab oder nur zum Teil oder fast nicht.

Ich wähle: Die Energie wird zehnmal teurer. Ich wähle die Vereinigten Staaten von Europa. Und ich wähle: China ist einigermassen zivilisiert. Und was bedeutet das jetzt für Basel? Ich denke, die Hälfte des, wie ich es nenne, Herzog-de-Meuron-Programms wird eintreten. Was schon gesagt worden ist, der Rhein als Lebenslinie, wird aktiviert. Das ist der Basler Eigenbau an dieser Geschichte. Und da ist es klar, dass die Stadt mit ihren Pfunden wuchern wird. Und das wird sie auch erfolgreich tun, denn, wie wir ja wissen: Geld ist da.

Die andere Hälfte ist das Metropolenprogramm. Und da muss ich Ihnen leider mitteilen, dass es nicht so funktioniert, wie in Basel vorgesehen, denn auch in diesen Vereinigten Staaten von Europa gibt es in der Schweiz eben nur zwei und nicht drei metropole Regionen, d.h. Basel und Zürich sind die eine und der arc lémanique ist die andere. Das heisst nichts anderes, als dass die ökonomischen Realitäten stärker sind als die lokalpolitischen Programme. Die Metropolitanregion Nordschweiz geht von Basel über Zürich ungefähr bis nach Winterthur, irgendwo hinter Wil bricht sie ab, und St. Gallen gehört nicht dazu.

Das mit der Energie ist auch schon angedeutet worden. Wenn endlich die Transportkosten realistisch sind und dem Verursacherprinzip einigermassen entsprechen, wird das dazu führen, dass es eine Konzentration gibt, wie schon geschildert worden ist. Wer wirklich sparen will, wird am Verkehr sparen, d. h. die Stadt Basel hat, wie die anderen Städte auch, eine durchaus glänzende Zukunft vor sich, denn alle wollen dahin. Niemand will mehr nach Flüh oder Solothurn.

Mit den Chinesen, da kann ich nur spekulieren. Meine Hoffnung ist, dass sie sich zivilisiert benehmen. Täten sie das aber nicht, meine Damen und Herren, können wir die Diskussion hier gleich beenden, weil unsere Zukunft eher in China entschieden wird als am Passwang. In jedem Fall muss ich Ihnen sagen, dass man, nachdem die Schweiz den Vereinigten Staaten von Europa beigetreten ist, in Basel beschlossen hat, fünf Jahre lang keine Fasnacht mehr abzuhalten, weil es in dieser Stadt viel zu viele Berufsbasler gäbe, und weil man dafür sorgen müsse, dass diese irgendwann einmal über ihren Tellerrand hinausblicken.

Ein Fakt ist leider auch, dass der hochberühmte FCB im Jahre 2022 in der Nationalliga B tschuttet, relativ weit unten, was er ja schon früher einmal getan hat. Zum Trost kann ich Ihnen mitteilen, dass im Jahre 2017 der Grasshoppers-Club pleite war und jetzt aus der Sportwelt ausgeschieden ist.

Zur architektonischen Entwicklung Basels ist Folgendes zu sagen: Es gab eine Riesendiskussion, ob man diesen Zaha-Hadid-Bau hinstellen solle, was natürlich in Basel abgelehnt wurde, weil es schliesslich heisst: Rettet Basel vor der Moderne! Aber irgendwo haben die Verantwortlichen dann ein bisschen ein schlechtes Gewissen gekriegt, und haben zwar nicht mehr den Hadid-Bau gemacht, aber woanders dann doch etwas Anständiges hingestellt, übrigens interessanterweise gleich nördlich der Grenze im Elsass. Die architektonische Euphorie, die in Basel eine gewisse Zeit lang herrschte, hat sich allerdings abgenützt – dass hat sie übrigens heute schon, aber das nur eine Fussnote – und hat sich dann natürlich auch auf andere Städte verteilt. Es gab zehn Jahre Architektur in Zürich, und dann haben wir uns halt eingestehen müssen: Das Bündnerland ist auch gut und im Wallis gibt's ebenfalls gute Architekten, und was dann in London gebaut worden ist und in Edinburgh und in Toledo, war gar nicht so schlecht. Man kann es auch anders ausdrücken: Die Berufsbasler neigen dazu, alles was rund herum um sie geschieht, als weltbedeutend anzusehen. Die Nichtberufsbasler bestreiten das vehement.

# Chinesen und Berufsbasler
*Diskussion*

**Adrian Portmann:** Herr Loderer, das war ein neuer Ton in unserer Veranstaltungsreihe. Sie haben u. a. gesagt, dass die Zukunft Basels nur zu einem sehr geringen Teil von den Baslern selbst entschieden und beeinflusst wird, dass andere Faktoren da ein viel grösseres Gewicht haben. Darf ich Sie, Frau Ryser und Herr Felber, um eine Reaktion auf diese Aussage bitten.

**Christian Felber:** Ich frage mich, wie die Bedrohung von China ausschauen kann, und da sehe ich zwei Möglichkeiten: Wenn sich jeder Chinese einen Kühlschrank und ein Auto kauft, dann ist der Rest Sauerstoff, der uns bleibt, bald aufgebraucht. Das ist eine Bedrohung, die mir Angst macht. Die zweite Bedrohung ist, dass China sich auch militärisch zu einer Weltmacht entwickelt und sich dann à la George W. Bush aufführt und paranoid alles angreift. Vor dem Zweiten fürchte ich mich weniger. Auch für die chinesische Armee werden die Energiepreise und Verkehrskosten so immens sein, dass sie nicht in der Lage sein wird, einen Angriff bis nach Mitteleuropa zu lancieren. Und beim ersten Szenario mit der Umweltzerstörung höre ich von Menschen, auch von Basler Architekten, die dort arbeiten, dass die Chinesen enorm schnell lernen, dass sie enorm viel wissen wollen, wie man sich umweltgerecht verhält, beispielsweise beim Bau. Ich denke, dass sie gescheit genug sind, um sich zu überlegen, wie sie ihre Mobiliät usw. gestalten werden. Da bin ich wieder der Optimist, der zuversichtlich ist, dass nicht nur China, sondern die Menschheit schlechthin diese Aufgaben lösen wird.

**Adrian Portmann:** Frau Ryser, mit der Vorstellung, dass wir, was die Entwicklung Basels betrifft, bei allen grossen Fragen nicht mehr mitreden können, dass alle Szenarien, die wir entwickeln, nicht von uns abhängen, was machen Sie mit dieser Perspektive?

**Sibylle Ryser:** Sie haben von Prognosen gesprochen, die sind ja bekanntlich schwierig. Ich stelle heute keine Prognosen. Ich verstehe diese Runde mehr als einen Ort der Utopie, an dem man sein Wunschbild formuliert und wo man eben gerade nicht, wie man sonst immer dazu verpflichtet ist, den tatsächlichen Gegebenheiten Rechnung tragen muss, denn das ist natürlich wesentlich weniger lustvoll und lustig. Was nun die Chinesen anbelangt, sind diese doch weiter weg als die EU, zumindest von Basel aus betrachtet – von Zürich aus, da weiss ich nicht, wie das ausschaut, da ist ja noch der Jura dazwischen –, aber von uns aus gesehen, denke ich, dass unsere Zukunft zunächst einmal ganz eng mit Europa zu tun hat, jedenfalls in der näheren Zukunft, in diesem zeitlichen Rahmen, den wir hier besprechen. Natürlich bestimmen wir da nicht alles selber, aber ich glaube, dass die Art und Weise wichtig ist, wie man sich auf die Zukunft einstellt, wie offen man für Veränderungen ist, dass das der Teil ist, den wir selber beeinflussen können. Das ist es auch, was ich vielleicht etwas ironisch mit der Aufbruchstimmung damals 08/09 gemeint habe. Es ist das, was ich mir mehr wünschen würde: eine Freude an der Veränderung, eine Lust auf positive Veränderung und nicht die Weltuntergangsszenarien, sei es der WEF-Gegner, sei es der Energiepessimisten, sei es der China-Paranoiker. Ich wünsche mir, dass man sagt: Jetzt ist hier, die Zukunft steht vor der Tür, und auf diese möchte ich mich freuen.

Benedikt Loderer: Da muss ich doch noch etwas dazu sagen: Wenn ich von den Chinesen spreche, zeige ich damit nur, dass wir, wenn wir nur unter Berufsbaslern diskutieren, eigentlich sehr viele Dinge, die da mitspielen, nicht berücksichtigen.

Sibylle Ryser: Können Sie den Begriff des Berufsbaslers definieren?

Benedikt Loderer: Nun, ich bin ein Berner Kind, wie Sie auch. Ich bin von Bern nach Zürich gekommen, und das war überhaupt kein Problem. Niemand hat mich gefragt, warum ich komme und warum ich überhaupt da bin. In Basel dagegen ist man verpflichtet, ein Basler zu sein. In Basel ist man sozusagen verpflichtet, ein FCB-Fan zu sein, und man ist verpflichtet, zumindest die Fasnacht zu dulden. In keiner anderen Stadt der Schweiz gibt es eine so klare lokalpolitische Ausrichtung in der Diskussion über die Stadt. Ich muss leider das Beispiel von Zürich nehmen, obschon das hier nicht sehr opportun ist. Dass man in Zürich ein Berufszürcher sei, das ist bereits schon sehr exotisch. In Basel gehört das zur Pflicht.

Sibylle Ryser: Da frage ich mich allerdings, wie lange Sie, Herr Loderer, schon weg sind aus Basel. Letztlich spricht ja eine Art verletzter Liebe aus Ihnen. Ich bin vor 20 Jahren hierhergekommen und mich hat man hier willkommen geheissen. Ich denke, dass ist immer eine Frage der Perspektive. Was Sie jetzt gerade geschildert haben, entspricht, glaube ich, in keiner Weise irgendeiner Realität und höchstens einem veralteten Klischee.

Peter-Jakob Kelting: Bevor wir jetzt in eine Innerbasler bzw. Zürcher-Basler-Diskussion einsteigen, möchte ich das zusammenfassen und sozusagen auch als Qualität begreifen. Ich bin jetzt seit ungefähr einem Jahr in dieser Stadt und merke etwas Ähnliches wie Sie, Herr Loderer, ich interpretiere es nur anders. Ich interpretiere es als eine sehr starke Auseinandersetzung mit einer Identität, die auf bestimmten Traditionen, auf einer bestimmten Geschichte gewachsen ist. Das Aufbauen von Zukunftsperspektiven auf dem Bewusstsein von Historizität, in der man sich bewegt, finde ich eine spannende Auseinandersetzung.

Herr Felber, Sie stehen einer der traditionsreichsten Stiftungen vor, die Christoph-Merian-Stiftung steht ja auch ein wenig als Synonym für so etwas wie Bürgersinn oder Zivilgesellschaft in dieser Stadt. Wie beurteilen Sie aus dieser Perspektive das Verhältnis zwischen Tradition einerseits und der Fähigkeit zur Innovation und Erneuerung andererseits?

**Christian Felber:** Ich denke ganz anders als Herr Loderer. Ich sehe nicht diese übertriebene Verbundenheit oder diese provinzielle Neigung zur eigenen Scholle. Die Tradition besteht in dem, was wir sehen, in einer reichen Gebäudetradition, in einer Tradition des guten Bauens, in einer unzerstörten Innenstadt, das sind Werte, die mitschwingen. Die Menschen, die ich kennengelernt habe, als ich herzog, die waren offen, die waren neugierig und sind es heute noch. Das Tempo, mit dem zum Beispiel die Umgestaltung des Dreispitz-Quartiers vorangeht, mit welcher Dynamik und wie wenig Bürokratie dagegensteht, da muss ich sagen, nein, das ist keine Nabelschau.

## Verlierer in welchem Spiel?
*Diskussion*

**Sibylle Ryser:** Herr Felber, Sie haben gesagt, es sei der Wohlstand, der integriert. Das finde ich eine interessante Aussage, weil man gemeinhin glaubt, dass es die Politik sei, die integriere, oder die Bildung. Es werden eher Szenarien durchgespielt, in denen unsere zugezogenen Mitbürger über die Bildung, über das Schulsystem integriert werden. Sie plädieren nun dafür, dass es der Wohlstand sei. Was würden Sie denn für ein Szenario entwickeln? Keine Arbeitsverbote für Ausländer zum Beispiel?

**Christian Felber:** Ja, klar, keine Arbeitsverbote für Asylbewerber. Ich gehe dabei von heute, von 2007, aus. Wir müssen alle Ressourcen dazu einsetzen, die Menschen zu emanzipieren, selbstständig zu machen, damit junge Ausländer und Ausländerinnen, die sich nicht gut orientieren können oder bildungsfern sind, Chancen bekommen. Der Wohlstand ist im Jahr 2007 schon enorm gross. Die Kapitalkraft pro Kopf ist ökonomisch gesehen unheimlich stark in Basel, stärker als in Greater London. Das sind Möglichkeiten, die wir für die Bildung, für die Integration, für die Emanzipation dieser Menschen einsetzen müssen. Ich denke, dass die Ökonomie dabei absolut zentral ist. Die Grundlage des Faschismus ist die Armut, die Pauperität.

**Peter-Jakob Kelting:** Gibt es Verlierer in dieser Entwicklung? Kann man Verlierer benennen?

**Benedikt Loderer:** Ich glaube, es ist der Lauf der Welt, dass es Verlierer gibt. Die Illusion, dass es nur Gewinner gibt, ist im besten Fall ein sozialdemokratisches Programm von 1945, als man gefordert hat: Mittelstand für alle. Aber unterdessen wissen wir, dass das nicht funktioniert. Man muss eben auch zugeben, dass es Verlierer gibt, und nicht so tun, als würden wir immer alle gewinnen. Das ist auch in Basel offensichtlich so. Herr Felber hat es am Anfang wunderbar beschrieben: Die Verlierer der Stadt werden die Unterschichten sein, die nach aussen gedrückt werden, unter die Flugschneisen, an die Autobahn, wo es lärmig ist, also an die schlechteren Standorte, in Wohnungen, die es bereits gibt, die nicht neu gebaut werden, sondern die am Ende ihrer Brauchbarkeit sind.

Da müssen wir ehrlich sein und sagen: Jawohl, das wollen wir, weil wir ja auch das berühmte Steuersubstrat verbessern wollen. Wenn ich die Politik der Stadt Basel anschaue, ist es genau das. Wenn man sagt, wir wollen so und so viele neue Wohnungen in so und so vielen Jahren, dann heisst das nichts anderes als, wir wollen bessere Steuerzahler, und es ist offensichtlich, dass alle Städte jetzt darauf drängen oder sich darauf einrichten, die schwierigen Leute nach aussen zu drücken.

*Peter-Jakob Kelting:* Frau Ryser, Verlierer?

*Sibylle Ryser:* Verlierer ja, aber in welchem Spiel?

*Peter-Jakob Kelting:* Im Spiel um Kleinhüningen zum Beispiel.

*Sibylle Ryser:* Ich denke nicht, dass es in sogenannten schlechten Quartieren nur Verlierer gibt. Es gibt immer auch Leute, die es interessant finden, da zu wohnen. Es ist zum Beispiel ein Unterschied, ob man als junge Studentin der Kunsthochschule an der Voltastrasse wohnt oder als erst eingewanderte anatolische Bäuerin. Es lässt sich nicht am Quartier festmachen, sondern an anderen Dingen. Verlierer in welchem Spiel also? Man muss das Spiel definieren. Will ich das karrieristisch-geldgeile Spiel des Kapitalismus gewinnen oder klinke ich mich da aus und sage: Der wahre Luxus ist die Zeit und das andere brauche ich gar nicht so? Habe ich die Freiheit, so eine Entscheidung zu treffen, oder habe ich die gar nicht, weil ich eine fünfköpfige Familie habe? Ich finde das eine ganz schwierige Frage, aber sie wird immer aus einer ganz bestimmten Perspektive heraus beantwortet. Die Verlierer, das sind immer die armen Ausländer, die keine Ausbildung haben – das kommt aus einer Perspektive, die mit viel schlechtem Gewissen belastet ist. Ob sich das aus der Perspektive jener Leute tatsächlich auch so darstellt, weiss ich nicht. Ich denke, dass z. B. die Secondo-Generationen, wenn man ihnen nicht allzuviele Steine in den Weg legt, oft zu jenen Szenen gehören, die sehr viel Power haben und sehr viel Neues schaffen, weil sie nichts zu verlieren haben, nicht ängstlich einen Besitzstand wahren müssen, wie vielleicht die alteingesessenen Basler. Ich glaube auch nicht an den Wohlstand für alle, das wird es nie geben, aber das wollen vielleicht auch gar nicht alle.

# Worauf ich hinaus möchte
*Eine Vision?*

Alain Claude Sulzer

«Dass viele Tierformen ausgestorben seien, dass es keine fliegenden Echsen und keine Mammuts mehr gebe, hindere nicht, dass neben dem Menschen das gerade schon formbeständige Urtier fortlebe, der Einzeller, der Infusor, die Mikrobe, mit einer Pforte zur Einfuhr und einer zur Ausfuhr an ihrem Zell-Leib, – mehr brauche es nicht, um Tier zu sein, und um Mensch zu sein, brauche es meistens auch nicht viel mehr. –

Es gebe den Fortschritt, sagte Kuckuck anschliessend an seinen Scherz, ohne Zweifel gebe es ihn, vom Pithecanthropus erectus bis zu Newton und Shakespeare, das sei ein weiter, entschieden aufwärts führender Weg. Wie es sich aber verhalte in der übrigen Natur, so auch in der Menschenwelt: auch hier sei immer alles versammelt, alle Zustände der Kultur und Moral, alles, vom Frühesten bis zum Spätesten, vom Dümmsten bis zum Gescheitesten, vom Urtümlichsten, Dumpfesten, Wildesten bis zum Höchst- und Feinstentwickelten bestehe allezeit nebeneinander in dieser Welt, ja oft werde das Feinste müd' seiner selbst, vergaffe sich in das Urtümliche und sinke trunken ins Wilde zurück. Davon nichts weiter. Er werde aber dem Menschen das Seine geben und mir, dem Marquis de Venosta, nicht vorenthalten, was den Homo sapiens auszeichne vor aller andern Natur, der organischen und dem blossen Sein, und was wahrscheinlich mit dem zusammenfalle, was ‹hinzugekommen sei›, als er aus dem Tierischen trat. Es sei das Wissen von Anfang und Ende. (…) Fern davon nämlich, dass Vergangenheit entwerte, sei gerade sie es, die allem Dasein Wert, Würde und Liebenswürdigkeit verleihe. Nur das Episodische, nur was einen Anfang habe und ein Ende, sei interessant und errege Sympathie, beseelt wie es sei von Vergänglichkeit, und ewig, unbeseelt darum und unwert der Sympathie, sei nur das Nichts, aus dem es hervorgerufen worden zu seiner Lust und Last.»[1]

Auch unsere Zukunft mit ihrer vergangenen Lust und abgeschüttelten Last wird eines schönen Tages nichts weiter als eine mehr oder wenige interessante Episode im Raum und in der Zeit gewesen sein; ein Bruchteil in der Weltgeschichte, ein überschlagenes Kapitel in der Geschichte einer Nation, eine vergessene Seite in der Vergangenheit einer Stadt, gleichgültig, wo sie steht, gleichgültig, wie sie heisst, gleichgültig, für wie wichtig sich ihre Bewohner einst gehalten haben. Wozu also sollte man sich bemühen, das Kommende einer Stadt heraufzubeschwören, wo wir doch noch nicht einmal wissen, wie es morgen für den Einzelnen aussieht? Noch sind wir in der Gegenwart, und es ist gar nicht sicher, ob und wie wir aus dieser herauswachsen werden.

Die Wahrscheinlichkeit, dass die heute gemachten Prophezeiungen eines fernen Tages tatsächlich zutreffen werden, dürfte um einiges geringer sein als der Schaden, den jene anrichten, die behaupten, schon heute zu wissen, was morgen sein werde, und die Mittel zu kennen, mit denen zukünftige Probleme gelöst werden können.

Mit Sicherheit wissen wir nur, was Thomas Mann seinen Professor Kuckuck formulieren liess, dass allein «das Episodische, nur was einen Anfang» hat «und ein Ende», von Interesse ist. Nicht also die Zukunft? Oder nur insofern wir wissen, dass sie morgen beginnt und irgendwann endet? Tatsächlich ist die Gegenwart alles, was wir sind und was die Vergangenheit uns durch die unzähligen Fehler, die wir gemacht haben, vielleicht gelehrt hat. Und trotzdem sollte sie uns erlauben, Dinge zu erkennen, denen wir nur in Gedanken nachhängen können? Das Verlangen, in die Zukunft zu blicken, ist gross; dass es befriedigt werden könnte, wäre mir neu.

Dennoch lässt man seinen Visionen immer wieder freien Lauf, und wer die Möglichkeit dazu hat (das heisst: wem man sie gibt), verwirklicht sie, verwirklicht Pläne, deren Ausführungen noch existieren werden, wenn wir längst nicht mehr leben; womöglich nicht sonderlich geliebt, wird man sie aus Trägheit oder Nostalgie dennoch nicht aus der Welt schaffen. Verwirklichte Ideen bleiben oft lange bestehen.

Visionen entwickeln sich in Gedanken, sie sind etwas Persönliches und bleiben es, solange sie im Verborgenen gedeihen. Sobald sie aber Gestalt annehmen, betreffen sie uns alle. Der sichtbarste Ausdruck dessen, wie wir uns die Zukunft nach Meinung der Lebenden vorzustellen haben, ist aus beständigem Material: es sind Häuser. Mit ihrem – nicht immer zweckmässigen und nicht immer zwingend gebotenen – Bau wird ein Teil unserer Zukunft, die oft die Zukunft anderer sein wird, bereits heute verwirklicht. Spätestens dann, wenn wir nicht mehr leben, hat die Zukunft begonnen. Gebaut wird immer, was man für zukunftstauglich hält. Ob es das wirklich ist, erweist sich später, zu spät, um sich rückgängig machen zu lassen (sofern man es nicht in die Luft sprengt, was zweifellos oft die beste Lösung wäre). Von der Vergangenheit bleibt in der Zukunft übrig, was die Verstorbenen für Fortschritt und für unumgänglich hielten, wofür sie Älteres opferten, dem sie Dinge vorzogen, über die wir heute nur den Kopf schütteln können.

Häuser sind für die Zukunft gebaut, in der sie sich bewähren müssen. Wer sie heute entwirft, sollte an morgen denken, denn das, woraus sie gefertigt werden, hat mehr Bestand als die, die heute darin wohnen, und sie sind langlebiger als jene, die sie erbaut und sich damit ein wenig verewigt haben. Was einmal Ausdruck der wie auch immer gearteten Vorstellungswelt eines Architekten oder seines Auftraggebers war, wird eines Tages nur noch Ausdruck der Zeit sein, in der sie lebten, Ausdruck der damals herrschenden ästhetischen Vorlieben und Bedürfnisse. Die Welt ist voll von solchen Überbleibseln. Schönen wie hässlichen.

Niemandes wahr gewordene Zukunftsvisionen sind so unübersehbar und weit über ihre Entstehungszeit hinaus gegenwärtig wie die von Architekten, deren Namen spätestens seit dem 19. Jahrhundert auch ins öffentliche Bewusstsein gedrungen sind, als sie begannen, sich unentbehrlich zu machen, indem sie ganze Städte aus dem Boden stampften. Während Bücher, die einst vor Einfällen strotzten, in den Regalen dunkler Bibliotheken verstauben, bleiben Gebäude, solange sie stehen (und sie stehen oft lange), überaus präsent, egal wie abstossend sie uns heute, hundert oder fünfzig, zweihundert oder kurze dreissig Jahre nach ihrer Erbauung auch erscheinen mögen.

Die Macht der Architektur zeigt sich in der Zukunft vermöge der Haltbarkeit ihrer Objekte (bei oft kürzestem geschmacklichem Verfallsdatum). Bauwerke sind das Testament von Erblassern, deren Vorlieben wir, die unfreiwilligen Vollstrecker ihrer steingewordenen Phantasien, nicht selten ebensowenig teilen wie die ethischen und moralischen Vorstellungen ihrer Zeit. Aber sie sind da. Kaum jemand wird nicht zumindest *ein* in der Vergangenheit erbautes Gebäude aufzählen können, dessen schieres Vorhandensein ihn geradezu physisch schmerzt, insbesondere dann, wenn ihm bewusst ist, anstelle welchen älteren Gebäudes es zu stehen kam, ohne dieses auch nur im mindesten ersetzen zu können. (Ich möchte an dieser Stelle als Beispiel bloss das Basler Theater erwähnen, ein Scheusal ohne Biss, auf das heute wohl niemand mehr stolz ist, das zu bauen aber von einer Mehrheit als Investition in die Zukunft und deshalb als unumgänglicher Tribut an die begehrliche Moderne erachtet wurde. Wer sich dagegen aussprach, galt, wie immer in solchen Fällen, als hoffnungslos rückständig; heute sähe das vermutlich schon wieder anders aus.)

Wenn die Zukunft, die wir vielleicht gar nicht erleben werden, eines Tages – übermorgen oder in einem Jahr, in drei Jahrzehnten oder einem Jahrhundert – schliesslich angebrochen sein wird, kann die Architektur der Vergangenheit, wenn schon nichts sonst, unseren Nachkommen, mit deren kritischem Blick und vernichtendem Urteil wir heute schon rechnen sollten, zumindest etwas über die augenfälligen Schönheitsvorstellungen oder abstrusen Ideale derer erzählen, die sie an die Stelle älterer Gebäude setzten (die dann längst vergessen, bestenfalls auf Fotografien festgehalten sein werden). Dass sie ihrer blinden Zukunftsgläubigkeit und ihrer Verachtung für die Vergangenheit nicht anders Ausdruck verleihen konnten als dadurch, dass sie sie durch Eisen, Beton und Alufenster, d.h. durch banale Eintönigkeit ersetzten und so ein ästhetisches Verbrechen begingen, muss ihnen nicht bewusst gewesen sein. Je rücksichtsloser solche Taten begangen wurden, desto aufdringlicher zeigt sich später, dass der Fortschrittsglaube von einst bloss eine momentane Laune, vielleicht auch gewinnbringende Seifenblase war; dass sie nicht platzen konnte, liegt an der Festigkeit des Materials, das sie zu Boden drückt, nicht an der Unverwechselbarkeit ihres Äusseren.

Solange die Erwartungen und Hoffnungen, die man in die Zukunft setzt, nicht in Stein gehauen sind, bleiben sie flüchtig und belanglos, man kann sie sympathisch oder abstossend finden, man kann sie auch ignorieren; Wolkenkuckucksheime und Luftschlösser verstellen einem nicht den freien Blick; was nur auf dem Papier existiert, kann ausser in den Gehirnen Vereinzelter kaum Schaden anrichten. Was hingegen Fundament und Dach, Armierung und Mauern aufweist, hat nicht nur gute Aussichten zu überleben, sondern auch die Fähigkeit, unser Leben, unser Denken, unsere Wahrnehmung nachhaltig zu beeinflussen. Vielleicht ist deshalb das Interesse der Architekten und Politiker so gross, Einfluss auf eine Zeit zu nehmen, die noch längst nicht angebrochen ist, indem sie ihr schon heute den Stempel der Fortschrittlichkeit aufdrücken. Sie reden in der Gegenwart und sprechen von der Zukunft, sie handeln jetzt und bauen für morgen und behaupten, sich ihrer Verantwortung bewusst zu sein. Und wenn sie es wären, sie werden die Zeche nie zu bezahlen haben.

Worauf ich hinaus will, ist nichts als ein elegischer Wunsch, eine alles andere als zukunftsorientierte, wohl eher rückwärtsgewandte Illusion, die von der Zukunft handelt, aber im Grunde auf jenem Dissens beharrt (oder zu beharren versucht), von dem Václav Havel einmal schrieb, dass dessen Verfechter eher darauf bedacht seien, die Karte der Gegenwart zu spielen und zu analysieren, als die Zukunft zu entwerfen; diese Dissidenten seien eher Kritiker dessen, was schlecht ist, als Planer einer besseren Welt[2]. Das ist die Karte, die ich spiele, obwohl sie weiss ist. Dahinter steht der unerfüllbare Wunsch, dass vieles von dem, was im Glauben an die Zukunft gebaut wurde und zweifellos noch zu meinen Lebzeiten in dieser oder jener Stadt, in diesem oder jenem Dorf, in dieser oder jener Landschaft gebaut werden wird, besser, viel besser in der Vergangenheit nicht gebaut worden wäre und in der Zukunft nicht gebaut werden sollte. Schön wäre es, wenn die Fehler der Vergangenheit nicht wiederholt würden. Dass sie tatsächlich gar nicht wiederholt, sondern dass immer neue gemacht werden, die den alten zum Verwechseln ähnlich sehen, ist nur ein schwacher Trost.

Wo immer wir sind, ob in der Gegenwart oder in Gedanken schon in der Zukunft, oder ob wir das betrachten, was die Gegenwart von der Vergangenheit übrig gelassen hat (eine Häuserzeile, ein Eckhaus oder den letzten einst zahlreicher Rokokopaläste in einer Stadt, die auf ihre Tradition stolz zu sein behauptet), was wir sehen, sind Belege für unser jetziges oder einstiges Dasein, in dem immer alles versammelt ist, alle Zustände der Kultur und Moral, alles, vom Frühesten bis zum Spätesten, vom Dümmsten bis zum Gescheitesten, vom Urtümlichsten, Dumpfesten, Wildesten bis zum Höchst- und Feinstentwickelten, wie Thomas Mann schreibt. All dies bestand und besteht gestern wie heute allezeit nebeneinander in dieser Welt, und in der Zukunft wird es nicht anders sein – nur dass wir es dann nicht werden sehen können. Was wir uns für die Zukunft wünschen, weil wir es in der Vergangenheit und in der Gegenwart nicht erhielten, werden wir wohl auch dort nicht bekommen.

---

1 Thomas Mann: Bekenntnisse des Hochstaplers Felix Krull. Frankfurt 1954, S. 318
2 zitiert nach André Glucksmann: Wut eines Kindes, Zorn eines Lebens. Nagel & Kimche 2007.

## 15.03.2022

| | | |
|---|---|---|
| 105 | **Kommunikation statt Verkehrsregeln** | Tiziana Sarro |
| 107 | **Sprachlabor und Fumoirs** | Regula Renschler |
| 109 | **Anglo-Ghettos und Pseudo-Pubs** | Lucy Ulrich |
| 111 | **Reale und virtuelle Stadt** | Diskussion |
| 113 | **Freiwilligkeit versus Reglementierung** | Diskussion |
| 115 | **Vorläufiger Zwischenbericht** | Adrian Portmann |

Es gibt keine Verkehrsregeln mehr, alles fliesst und man kommuniziert miteinander.
*Tiziana Sarro*

Die Stadt darf keine Immobilien mehr verkaufen und die, die sie verkauft hat, hat man wieder zurückgeangelt. Die Reichen sind weg, und auch die unterirdischen Schwimmbäder und Garagen.
*Regula Renschler*

# Kommunikation statt Verkehrsregeln

Tiziana Sarro (32), Schauspielerin

Ich bin Italienerin. Mein Vater ist Calabrese und meine Mutter Apulcese. Sie sind sehr früh nach Basel gekommen, mein Vater mit 17 und meine Mutter mit 18, und haben sich hier kennengelernt, an der Milchbar. Basel ist meine Heimat, ich habe mein Leben lang in Basel gelebt. Wenn ich verreisen möchte, tue ich das oft nicht, weil mein Beruf oberste Priorität hat. Also mache ich Reisen, die eher nach innen gehen, irgendwelche komischen Workshops oder Projekte. Ich bin also alles andere als eine Globetrotterin.

An diesem 15. März 2022 gehe ich aus dem Haus, nehme mein Velo und fahre auf dem Trottoir ... und, oh Wunder, niemand reklamiert. Ich fahre über den Aeschenplatz und es gibt keine Streifen mehr, kein Trottoir. Der Aeschenplatz ist ein wirklicher Platz, vielleicht mit ein wenig Grün. Es gibt Autos da, Velofahrer und Fussgänger, Rollstuhlfahrer ... aber es gibt keine Regeln mehr auf diesen Plätzen, keine Verkehrsregeln, alles fliesst und man kommuniziert miteinander.

Schon 2007 gab es einen holländischen Verkehrsplaner namens Mondermann, der dieses Konzept umgesetzt hat, und man hat gemerkt: Wow! Das funktioniert! Also hat unsere Regierung – wahnsinnig mutig – gefunden, dass sie das auch umsetzen will. Zuerst hat man es natürlich auf kleineren Plätzen ausprobiert und es funktionierte.

Es geht darum, dass der Verkehr ein Prozess ist, dass man wieder miteinander kommunizieren muss, wieder nonverbale Kommunikation pflegen und einander anschauen und nicken und wahrnehmen. Ich habe einen Artikel über diesen Herrn Mondermann gelesen, und da steht, er wolle bloss Verwirrung stiften, und das sei doch Anarchie im Verkehr[1].

Früher bin ich ein Fan von anarchischen Ideen gewesen. Das bin ich jetzt nicht mehr so ohne Weiteres. Ich vertraue einfach auf den gesunden Menschenverstand. Ich begreife nicht, warum ich nachts um 2 Uhr an einer Ampel stehen bleiben muss. Es ist Rot, und ich warte, und es ist niemand sonst da. Da habe ich manchmal das Gefühl, ich bin im falschen Film. Ich finde es schade, dass einem Menschen so viel Verantwortung abgenommen wird. Ich glaube, wir müssen lernen, wieder mehr Verantwortung zu übernehmen. Und das wäre für mich ein Anfang: Anhand des Verkehrs aufzuzeigen, wie man wieder miteinander reden kann, dass man nicht alles mit Regeln übersäen muss. Man kann kaum einen Schritt machen, ohne dass man etwas falsch macht.

Mir kommt dabei auch das Stichwort Erziehung in den Sinn. Gerade jetzt wird alles auf die Schulen abgeschoben. Es wäre besser, man würde sich untereinander wieder mehr helfen, mehr Verantwortung übernehmen.

Das bedeutet mehr Wahrnehmung für die Anderen, aber auch für die eigenen Bedürfnisse. Die ganzen Reglementierungen haben zur Folge, dass man gar nicht mehr auf die eigenen Bedürfnisse hören muss, weil das ja auch schon vorgegeben wird. Man sollte einfach wieder sagen, das ist mir jetzt zu laut, oder das ist mir jetzt zu viel oder zu wenig, damit man wieder die eigenen Grenzen spürt.

---

1 Entsprechende Artikel finden sich im Internet zum Begriff «Mondermann». Zum Beispiel: Spiegel online, «Die Axt im Schilderwald», 8. Dezember 2005, oder: Welt online, «Schneisen im Schilderwald», 16. Juli 2006

# Sprachlabor und Fumoirs

Regula Renschler (71), Journalistin und ehemalige Redaktorin Radio DRS, Publizistin, Übersetzerin und Progamm-Verantwortliche Lenos-Verlag

Man hört bei mir nach dem ersten halben Satz, wo ich herkomme. Ich bin in Zürich aufgewachsen und vor 35 Jahren nach Basel gekommen. Zwei Dinge haben mich damals sofort für Basel eingenommen: Das Eine war der berühmte «esprit de Bâle». Ich habe Zürich sehr gern, ich will auch nichts gegen Zürich sagen, aber dort ist alles ein wenig plumper, ein wenig direkter, ein wenig schwerer, auch immer wieder sehr aufs Materielle ausgerichtet. Als ich nach Basel kam, habe ich den feinen, manchmal ein wenig spitzen, manchmal ein bisschen Hintenrum-Witz kennen und schätzen gelernt.

Das Zweite war die Grenznähe. Die hat mich absolut fasziniert, und das tut es bis heute. Ich bin ein Fan von Grenzen und finde, man muss sie nicht unbedingt überwinden, sondern sie kulturell und in jeder Beziehung fruchtbar machen. Basel könnte das noch viel mehr tun, und in diese Richtung wird es auch gehen.

Ich bin von Berufs wegen weit gereist, vor allem nach Lateinamerika und Afrika. Ich bin auch von Haus aus kulturell belastet, habe eine spanische und eine französische Grossmutter und bin immer ein wenig zwischen den Kulturen gewandert.

Im Jahr 2022 stehe ich am Morgen auf, nehme das Tram ..., und das Tram kostet nichts. Das hat man abgeschafft, oder man hat eine Trammarke eingeführt, so wie man eine Vignette kauft, für 100 oder 150 Franken im Jahr, damit kann man frei herumfahren. Dazu gibt es in jedem Tram noch ein Kästchen, da kann man zwei verschiedene Billette rauslassen, eins für die Stadt und eins für die Fahrt in die Umgebung, zu der natürlich das nahe Elsass und das badische Grenzland dazugehören.

Ich gehe mit meiner Enkelin – oder mit meiner Ur-Ur-Ur-Enkelin – zur Schule. Es ist eine öffentliche Schule, die zweisprachig geführt wird und zwar Französisch-Deutsch. Mittlerweile hat man gemerkt, dass man das nicht den Privatschulen überlassen darf, die sowieso alles auf Englisch-Deutsch machen. Und weil Basel an der Sprachgrenze liegt oder in der Nähe der Sprachgrenze, hat man sich gesagt: Wir wollen daraus einen Nutzen ziehen und Basel zu einer Art Kulturlabor machen – mit Französisch. Es gibt in jedem Quartier eine zweisprachige Schule, Deutsch-Französisch, vielleicht auch noch Deutsch-Chinesisch oder Deutsch-Türkisch.

Wenn ich zum Tram rausschaue, sehe ich überall grosse Plakate, auf denen steht: «Ein Abend mit Québec» oder «Die Müllabfuhr von Bamako trifft die Müllabfuhr von Basel». Basel ist Partnerschaften mit französischsprachigen Städten eingegangen, die eine Ähnlichkeit haben, z. B. mit Genf, das auch ein Stadtkanton ist, mit Mulhouse, einer Nachbarstadt, mit Québec, das auch ein bisschen klein und verloren ist, mit Bamako, der Hauptstadt von Mali, die wie Basel an einem grossen Fluss liegt. Es gibt einen ständigen Austausch. Menschen von dort kommen zu uns und unsere gehen dorthin, oder die Polizisten von Bamako gehen nach Québec und kommen dann nach Basel, und all das ist auf riesigen Plakaten zu sehen.

Solch einen Austausch gibt es aber auch in der Stadt selber: Das Bruderholz hat eine Partnerschaft mit Kleinhüningen und das St. Johann eine mit dem Gellert, die treffen sich, tauschen die Kinder aus, da läuft viel.

Wir steigen aus und laufen über den Münsterplatz. Das schöne Erziehungsdepartement ist wieder zurückverwandelt worden. Die Stadt darf keine Immobilien mehr verkaufen und die, die sie verkauft hat, hat man wieder zurückgeangelt. Die Reichen sind weg, und auch die unterirdischen Schwimmbäder und Garagen. Dort hat sich etwas weiterentwickelt, was es schon vor 2007 gegeben hat: Werkstadt Basel hiess das. Jetzt heisst es Kulturwerkstadt Basel. Da trifft man sich regelmässig in den Quartieren und überlegt sich, immer zusammen mit seinem Nachbar- oder Partnerquartier, was man verändern oder besser machen könnte.

Wenn wir in die Schule fahren – es sind natürlich Ganztagsschulen –, kommen wir an einem Haus vorbei, auf dem «Fumoir» steht. Solche Fumoirs gibt es überall. Das sind wunderbare Gebäude, da gibt es Salons, da kann man Billard spielen, da gibt es ein Café, und da kann man eben auch rauchen. An anderen Orten sieht man Häuser, auf denen steht «Club». Auch die gibt es jetzt, 2022, überall in Basel, in jedem Quartier; die einen sind nur für Männer und die anderen nur für Frauen. Diese Clubs sind ähnlich wie die Fumoirs, vielleicht sogar mit diesen kombiniert. Es gibt ein Café, Zeitungen, ein Restaurant, man kann spielen, es gibt vielleicht auch ein Zimmer für Kinder. Hier kann man sich wunderbar zurückziehen, mit seinesgleichen quatschen und sich ein wenig vom Geschlechterstress erholen.

Inzwischen habe ich meine Enkelin – Ur-Ur-Ur – in der Ganztagsschule abgeliefert, in der von 30 Stunden 15 auf Französisch laufen und 15 auf Deutsch. Das fördert nicht nur das Wissen und die Sprachfähigkeit, sondern auch die Toleranz gegenüber anderen. Es ist im Grunde genommen egal, ob es Französisch oder Englisch oder Türkisch ist, wichtig ist, dass es ganz früh anfängt. Je früher man mit einer Sprache anfängt – das wissen alle –, desto besser lernt man sie, am besten schon mit drei oder vier Jahren. Aber weil wir erstens an dieser Sprachgrenze sind – wir sind in einer halben Stunde in Delémont oder in 10 Minuten in Saint Louis –, drängt sich Französisch geradezu auf. Anderseits ist es auch ein staatspolitischer Gedanke. Bis 2022 hat sich Europa natürlich weiterentwickelt. Die Schweiz ist vielleicht dabei, vielleicht auch nicht, aber auf jeden Fall ist alles viel enger zusammengewachsen. Dafür steht die Idee eines Sprachlabors, in dem wir andere Sprachen, vor allem die Landessprachen, pflegen und damit auch einen Sinn für andere Kulturen, für das Anderssein im Allgemeinen entwickeln.

# Anglo-Ghettos und Pseudo-Pubs

Lucy Ulrich (51), Publizistin und Übersetzerin

Ich bin 1988 von Bern nach Basel gezogen. Basel, das war Liebe auf den ersten Blick. Hier habe ich 12 Jahre lang gewohnt und gearbeitet. Dann habe ich geheiratet, bin nach Washington gezogen ... und war überrascht, dass ich furchtbar Heimweh hatte, nach Europa, nach der Schweiz, aber vor allem nach Basel. Als mein Mann wieder zurück zur BIZ kam, war ich sehr froh und habe mir, ohne es zu merken, Basel als Heimat ausgesucht. Menschen, die wie ich aufgewachsen sind, ein paar Jahre hier, ein paar Jahre dort, suchen sich irgendwann mal eine Heimat aus. Für mich ist das Basel.

Ich habe mich vor allem auf die englischsprachige Minderheit konzentriert. Ich gehöre ja auch dazu und beobachte meine Mit-Anglos und frage mich, ob sich diese Minderheit ändert, ob sie grösser oder kleiner wird. Ich habe dazu eine Art Script geschrieben, ein Drehbuch.

Basel, am Dienstag, den 15. März 2022: Ich wache, wie gewohnt, um 7.30 h auf. Die Temperatur beträgt schon um die 15 Grad Celsius, es wird wieder ein sehr warmer Tag. Aber die Temperaturen scheinen sich stabilisiert zu haben, dank den vielen neuen Gesetzen der letzten 12, 13 Jahre gegen die globale Erwärmung. Es werden also heute nicht viel mehr als 25 Grad sein. Von meiner Wohnung am Totentanz schaue ich hinüber zur anderen Seite des Rheins, auf Basel Beach. Da sitzen oder schlummern noch die letzten Nachtschwärmer. Früher sassen die jungen Leute nur im Juni, Juli und August dort drüben, aber jetzt ist es nur noch von Anfang November bis Ende Februar zu frisch, um während der Nacht draussen zu sein.

Auch ich gehe ab und zu nach Basel Beach, um die schöne Aussicht auf die Grossbasler Seite zu geniessen. Was ich dabei höre, ist natürlich meistens Baseldeutsch, aber viele junge und ältere Leute sprechen auch Englisch, offensichtlich als Muttersprache. Manche sprechen nur Englisch, andere scheinen hier aufgewachsen zu sein und sprechen Englisch und Baseldeutsch, wechseln problemlos von der einen zur anderen Sprache.

Was auffällt, ist, dass die Zahl der Englischsprachigen immer grösser wird. Jedes Jahr, scheint es mir, höre ich mehr Englisch, in den Trams, in den Restaurants und Beizen, auf der Strasse, und die offiziellen Statistiken unterstützen meine Beobachtung. Es gibt tatsächlich mehr englischsprachige Ausländer. Die Deutschen sind natürlich schon längst die grösste Ausländergruppe in Basel, schon seit mehreren Jahren. Aber wir Anglos bilden bereits eine bedeutende Minderheit. Schon 1988, als ich nach Basel kam, fand ich diese Stadt sehr offen und sehr anglophil. Schon damals hörte man oft Englisch, und ich sah häufig Leute im Tram, die irgendeine englische Zeitung oder Zeitschrift lasen. Aber damals hatte ich den Eindruck, dass die meisten Engländer waren. Jetzt kommen sie aus Nordamerika, Schottland, Irland,

Neuseeland, Australien, Indien, God-only-knows where. Und viele sprechen natürlich Englisch als Zweitsprache und kommunizieren mit den Anglos auf Englisch.

Diese Anglogemeinschaft ist einigermassen gut in Basel integriert, obwohl manche kaum Deutsch sprechen können. Nur diejenigen, die sich niederlassen wollen, besuchen die Sprachkurse, die seit längerer Zeit überall Pflicht sind. Andere wissen, dass sie nur zwei oder drei Jahre hier in Basel bleiben werden, und bemühen sich nicht, Deutsch zu lernen. Sie haben immer Gründe: Es sei zu schwierig oder es lohne sich nicht, Hochdeutsch zu lernen, weil man sowieso nur Baseldeutsch hört – faule Ausreden! Der eigentliche Grund ist viel einfacher: Zuviele Menschen in Basel und der Schweiz sprechen jetzt Englisch als Zweitsprache, und für den sprachfaulen Briten oder Amerikaner ist das die beste Ausrede.

Es gibt ein Anglo-Ghetto, keine Frage – es ist ein Ghetto in den Köpfen. Jedes Jahr zum Beispiel steigt die Zahl der Pseudo-Pubs in Basel, in denen man englisches, irisches oder australisches Bier trinken und Rugby und Fussball auf riesigen Bildschirmen sehen kann. Mittlerweile gibt es achtzehn solcher Pubs, alle gut besucht. Der neueste ist der «Pig and Whistle» im St. Johann. Viele englische Männer scheinen mit einer Art von Pub-Magnet auf die Welt gekommen zu sein. Solche Männer finden, egal wo sie sind, in einer neuen Stadt immer als Allererstes ein Pseudo-Pub und sind danach wunschlos glücklich.

Die sechzehn internationalen Schulen in Basel bilden ein weniger raues Element des Anglo-Ghettos. Tatsächlich sind diese Schulen ein integrierender Faktor für die englischsprachige Gemeinschaft in Basel, da viele Basler ihre Kinder in diese Schulen schicken. Seit zwei Jahren werden die Schulfächer in den öffentlichen Schulen im Halbkanton in 50 Prozent aller Stunden auf Englisch unterrichtet – ausser Französisch und Italienisch – und zwar auf allen Ebenen vom Kindergarten aufwärts. Die Schule fängt auch früher an, man wird bereits mit sechs Jahren eingeschult. Der Kindergarten fängt schon mit vier an und geht fliessend in die Schule über.

Die Immobilienpreise in Basel sind natürlich gestiegen, da es so viele Anglos hier gibt, und weil es für Engländer und Amerikaner, Australier und Neuseeländer normal ist, dass man sich das Haus oder die Wohnung kauft. Es gibt jetzt auch viel weniger Mietwohnungen, und deren Preise sind sehr gestiegen. Sie sind nicht so hoch wie in London oder in New York, aber immerhin höher als vor 15 Jahren. Viele Leute sind sehr unzufrieden mit dieser Entwicklung, trotzdem reagieren die Basler im Allgemeinen sehr tolerant auf die Anglos. Die Basler sind ein pragmatisches Volk, sie begreifen, dass die Welt sich ständig ändert. Die Basler Pharmaindustrie boomt und die sprachfaulen Anglos arbeiten zum grössten Teil in der Pharmabranche. Eine grosse und wachsende englischsprachige Pharmaindustrie, die weltweit konkurrieren kann, ist gut für Basel. Viele Steuern werden gezahlt. That's life in Basel nowadays! Also wächst die Bedeutung des englischen Basel, schon vor 15 Jahren war sie relativ gross. Basels Kultur ist sehr offen, war es immer. Basel hat schon viele andere Bewegungen und Einflüsse in der Vergangenheit erlebt und integriert. Die englische Welle wird nicht die letzte sein, die nächste ist vielleicht die chinesische. Wer weiss?

# Reale und virtuelle Stadt
*Diskussion*

**Erika Paneth:** Ich wundere mich über die Stadt, die ihr mir zeigt. Für mich ist das eigentlich ein Dorf. Das hat nichts mehr mit Stadt zu tun. Die Begegnungen sind alle persönlich. Aber was ist mit dem Internet? Was ist mit Online, was mit 3D, das kommen wird, mit Unterricht im Internet über die Kontinente hinweg? Was ist mit den Schnellbahnen, was mit der Verbindung ins Elsass? Ich glaube nicht, dass man dann noch zwischen Gundeli und Innenstadt unterscheiden wird, weil man derart schnell überall mit der Schnellbahn ist, die natürlich unterirdisch fährt, hoffentlich, damit oben die Strassen für die Kinder frei sind. Wir haben mehr Kinder in der Stadt, und ich hoffe, dass man für diese geeignete Bereiche schafft. Auch dass man ganz hohe Häuser baut, die vielleicht sogar miteinander verbunden sind, so dass es zwischen dem St. Johann und der neuen Erlenmatt und einer Überbauung auf dem Barfüsserplatz Verbindungen gibt, die schnell sind, witzig und veränderbar, wo immer wieder etwas anderes stattfinden kann. Ich bin wirklich etwas verblüfft, weil ihr mir eigentlich sagt, dass ihr wieder ein Dorf wollt. Ich lebe gerne in einer Stadt. Ich bin auch überzeugt, dass die Stadt immer mehr wachsen wird. Jetzt sind es 37,5 Quadratkilometer. Aber wenn die Grenze aufgehoben wird, die EU nicht mehr wichtig ist, dann geht man ins Elsass hinaus, ins Südbadische, noch mehr ins Schwarzbubenland, das wird eine Riesenstadt mit kleineren Zentren werden. Und ich bin weit davon entfernt, mir vorzustellen, dass es ein Dorf wird. Aus dem würde ich herauswachsen wollen.

**Jacques Reiner:** Das, was Sie erwähnt haben mit dem Internet, ist doch das global village. Das ist nicht global city. Und village heisst, man hat viel enger Kontakt miteinander.

**Erika Paneth:** Da steckt sogar eine ganze Fake-Diskussion drin. Du bist ja auch jemand anderer im Netz. Du bist jemand anders und kannst gleichzeitig mehr du selber sein. Dort werden die Grenzen auch aufgehoben. Ich habe noch von keinem Partnervermittlungsinstitut gehört, das so erfolgreich ist wie das Netz. Obwohl man sich dort zuerst versteckt, kann man nachher mehr zur Wahrheit finden. Es geht eben nicht darum, dass man nur Kontakt hat, wenn man einander Salü sagt und die Hand gibt. Die Möglichkeiten der Zukunft werden gewaltig sein.

**Adrian Portmann:** Was für eine Rolle werden denn persönliche Kontakte in deinem Basel 2022 spielen?

**Erika Paneth:** Es wird viel mehr persönliche Kontakte geben, aber die Grenze zwischen virtuell und körperlich wird ein Stück weit aufgehoben, das heisst, ich kann intimer mit einer Freundin in Japan diskutieren, als mit meiner Nachbarin, das stört aber auch niemanden.

Die persönliche Dienstleistung wird wieder viel wichtiger werden. Der Handwerker z. B., der mein Möbel genau in die Ecke einpasst und in dem Holz, das ich will, oder die Coiffeuse, die mich verwöhnt.

Tiziana Sarro: Aber dann redest du doch auch von einem Dorf. Du gehst zu deiner Coiffeuse und zu deinem Schreiner.

Erika Paneth: Ja, aber ich bin dann innerhalb von 10 Minuten irgendwo in Mulhouse beim Schreiner und, wenn ich Lust habe, wahrscheinlich in einer halben Stunde im Tessin bei meiner Coiffeuse. Ich stelle mir das viel schneller und viel weiter vor.

Tiziana Sarro: Aber willst du nicht auch einfach aus dem Haus stolpern können? Ich finde das eine Wahnsinnsqualität in Basel. Man kann zum Haus rausfallen, und es ist schön. Man kann an den Rhein runter ...

Erika Paneth: Es kommt drauf an, wo du wohnst.

Tiziana Sarro: Ja, aber man ist relativ schnell von jeder Ecke an einem Ort, an dem man sich wohlfühlt.

Erika Paneth: Dann wird man noch viel mehr solche Orte entdecken. Aesch kann dann auch so ein Ort sein, weil du innerhalb von 3 Minuten mit der Schnellbahn dort bist.

Lucy Ulrich: In grossen Städten wie London bilden die Leute Dörfer. Hampsted ist ein Dorf.

Tiziana Sarro: London ist ja eine Ballung von vielen Dörfern.

Lucy Ulrich: New York auch. Die Leute wohnen in der Neighbourhood.

Regula Renschler: Die Leute wohnen im Quartier.

Lucy Ulrich: Ja, ich glaube, das ist etwas sehr Grundsätzliches im Menschen: Er braucht ein Dorf.

Regula Renschler: Und das finde ich eben an Basel schön, dass es eine Stadt ist, die man noch als Stadt erleben kann. Wenn ich im Quartier wohne, bin ich in zehn Minuten, einer Viertelstunde in der Innenstadt. Ich kenne Leute in New York, die sind noch nie aus ihrem Quartier rausgekommen, die leben nur im Quartier.

Erika Paneth: Dieser Dorfcharakter ... es wird auch weiterhin Zweierbeziehungen geben. Vielleicht werden die Leute dann nicht mehr heiraten, sondern einen Gesellschaftsvertrag miteinander abschliessen. Ich glaube nicht, dass der Mensch sich grundsätzlich ändern wird, aber ich glaube, dass die Möglichkeiten anders werden, und dass wir, wenn wir in 30 bis 50 Jahren Kontakt sagen, noch etwas anderes damit meinen. Und wenn wir uns heute über Grenzen unterhalten und wenn wir das in 15 Jahren tun werden, dass wir dann gar nicht mehr die Basel-Frankreich-Grenze meinen, sondern zum Beispiel die Grenze zwischen 3D und Wirklichkeit.

Regula Renschler: Und Sie denken, dass das schon in 15 Jahren so sein wird?

Erika Panneth: Gerade beim Breitband und Digitalfernsehen und beim Interaktiven, das immer mehr gefordert wird und das ja gerade bei der Jugend irrsinnig beliebt ist, werden wir noch unglaubliche Revolutionen erleben.

In den letzten 15 Jahren hat sich Gewaltiges verändert. Ich glaube zwar, dass wir Menschen immer noch gleich sind, wir riechen gleich, wir haben die gleichen Vorlieben, aber wir haben mehr Möglichkeiten Kontakte aufzunehmen und können sie anders angehen. Das wird mir in eurem Bild zu wenig berücksichtigt.

Regula Renschler: Wir denken natürlich an die Stadt Basel, an das architektonisch gewachsene Basel, und an die Leute, die hier wohnen. Das Internet ist wie auf einer anderen Ebene. Die Frage ist aber, wie weit es uns beeinflusst.

## Freiwilligkeit versus Reglementierung
*Diskussion*

Jacques Reiner: Wir haben davon geredet, wie man zu Geld kommt. Ihr Modell, Frau Sarro, finde ich sehr schön, denn wenn man das über 15 Jahre weiterentwickelt, dann wird auch die Steuer freiwillig sein. Es gibt keine Steuerregeln mehr, ich kann sagen, mir geht's gut, also zahle ich Steuern, oder mir geht's nicht gut, ich kann dieses Jahr keine Steuern zahlen. Und so kommen wir auch zu Geld, ich glaube einfach an das Gute im Menschen. Natürlich ist er im Prinzip nicht nur gut, aber ich glaube daran, dass es einfachere Systeme gibt, als Steuern über ein 18-seitiges Formular im Internet ausfüllen zu lassen, wo man nachher, Gopffriedstutz, fast akademische Vorbildung braucht, bis man das überhaupt verstanden hat.

Adrian Portmann: Das wäre also so eine Art Freiwilligkeitsprinzip, das funktioniert, weil die Menschen Verantwortung für das Gemeinwohl wahrnehmen.

Jacques Reiner: Richtig. Die Menschen wissen, was sie an Erziehung kriegen, an Strassen, an Transport, und sie sagen sich, für all das bin ich bereit zu zahlen, auch für die Kultur.

Adrian Portmann: Und die freiwilligen Beiträge, die wir dann zahlen werden, sind zweckgebunden? Kann ich mir sagen, Kultur oder öffentlicher Verkehr oder ist das ...

Jacques Reiner: Nein, das ist schon *ein* Kässeli. Sonst ist das allzu kompliziert.

Anni Lanz: Das heisst, wir wären dann alle Mäzene.

Jacques Reiner: Ja, wir wären alle Mäzene. Nein, es ist *ein* Kässeli, aber ich kann sagen, mir ist es dieses Jahr saugut gegangen, ich habe in der Chemie einen guten Bonus bekommen und ich zahle jetzt etwas mehr. Warum muss das reglementiert sein?

Lucy Ulrich: Dann müsste man wohl die Einwanderungsgesetze verschärfen, denn dann würde die ganze Welt hierherziehen wollen. Weil z. B. die Amerikaner sehr ungern Steuern bezahlen, die würden herkommen, um gar nichts zu bezahlen. Steuern zahlen ist dort jedesmal ein Drama, zum Teil, weil das Steuerformular so ein Horror ist. Es ist theoretisch auf Englisch geschrieben, aber ...

Tiziana Sarro: Ich finde das Konzept interessant, wenn du sagst, du glaubst auch an das Gute im Menschen.

Jacques Reiner: Nur so kann man ja auch dein Verkehrskonzept umsetzen. Und es funktioniert.

Tiziana Sarro: Es funktioniert und es gibt weniger Unfälle.

Anni Lanz: Aber man interpretiert sich ja ständig. Dabei macht man sicher auch Fehler. Nicht, dass man sich dann immer versteht. Wenn alles so freiwillig ist, dann gibt es auch Fehlinterpretationen.

Peter-Jakob Kelting: Das Interessante ist ja, man rechnet mit den Fehlern. Im Moment ist es so, dass man auf das System setzt, und die meisten Unfälle passieren, weil jemand Fehler macht. Aber dadurch, dass niemand damit rechnet, weil das System funktioniert, und eigentlich niemand innerhalb des Systems Fehler machen darf, funktioniert das System eben gerade nicht. Das ist die Dialektik der Reglementierung.

# Vorläufiger Zwischenbericht

Adrian Portmann

... hat die ausserordentliche Untersuchungskommission zu den Ereignissen der vergangenen fünf Wochen einstimmig und mit Datum vom 18. Oktober 2022 den folgenden vorläufigen Zwischenbericht zu Handen der Basler Regierung verabschiedet.

Erstens: Ausführliche Recherchen und die Befragung einer grossen Zahl von Zeuginnen und Zeugen lassen den eindeutigen Schluss zu, dass die fraglichen Vorkommnisse für die gesamte Basler Bevölkerung völlig überraschend kamen. Falls es Vorboten und Anzeichen gab, hatte sie niemand bemerkt. Hingegen liess sich im Nachhinein nicht mehr mit Sicherheit feststellen, wie und wo die Ereignisse des 13. September ihren Anfang genommen hatten. Einige der Befragten vertraten die These, dass es vier Kosmetikverkäuferinnen im Globus gewesen seien, die alles ausgelöst hätten. Andere widersprachen heftig und lokalisierten den Ausgangspunkt der Epidemie in einem Altersheim am Luzernerring: Eine Gruppe von Alten habe die Bastelnachmittage und Jassrunden satt gehabt und deshalb einen Plan ausgeheckt. Dritte wollten wissen, dass der Brandherd im Grossraumbüro einer Versicherung gelegen habe, andere sprachen von einem Spielsalon in der Steinenvorstadt. Eine uns vorliegende Vorstudie der Schweizerischen Akademie der Geistes- und Sozialwissenschaften kommt zum Schluss, dass von einer Synchronizität verschiedener Ereignisse ausgegangen werden müsse, eine Sicht, der wir uns hier ausdrücklich anschliessen.

Verbürgt ist immerhin, dass die oben genannten Kosmetikverkäuferinnen am Morgen des 13. September ihre üblichen Tätigkeiten aufgaben. Stattdessen standen sie, wie aus verschiedenen Quellen hervorgeht, aufgeregt um einen Schminktisch und hörten einer Arbeitskollegin zu, die etwas von einem kleinen Zettel ablas. Es war, wie sich später herausstellte, das Gedicht eines gewissen Ernst Jandl mit dem uns nicht gänzlich verständlichen Titel *schtzngrmm*. Wie es in die Hände der besagten Person gelangte, war nicht mehr zu eruieren. Fest steht hingegen, dass die Lehrtochter umgehend in eine Buchhandlung in der Altstadt geschickt wurde, um ein Exemplar des entsprechenden Gedichtbandes zu erstehen. Am nächsten Tag, auch dies konnte bestätigt werden, versammelten sich bereits an die dreissig Angestellte aus der Charcuterie- und der Kinderkleider-Abteilung und auch bereits einige aus den hinteren Räumen der Logistik in der Kosmetik. Es wurde beschlossen, handstreichartig und mit dem Taxi eine veritable Basler Dichterin abholen zu lassen, die dann auch tatsächlich in Gestalt einer eleganten und etwas blasierten Mittvierzigerin kurz nach zehn Uhr eintraf und einigermassen verwirrt aus ihrem neuen Roman vorlas. In der Zwischenzeit war auch ein Teil der Kundschaft zu der Runde gestossen, und am Abend stellte der Geschäftsführer fest, dass die Tagesverkäufe in sämtlichen Abteilungen (mit Ausnahme der Buchabteilung) dramatisch eingebrochen waren.

Am gleichen Abend rapportierten Polizistinnen und BVB-Kontrolleure, dass sich die Menschen überall in der Stadt Sonette und Geschichten vorlesen würden. In Bussen der Linie 34 hätten drei (diskret überprüfte und also identifizierte) Krankenschwestern lange Passagen aus Shakespeares *Kaufmann von Venedig* vorgetragen und grossen Beifall geerntet. Am Rheinufer, so eine Patrouille der Polizei in ihrem Bericht, würden zwar immer noch Alcopops konsumiert und Bierflaschen weggeworfen, aber die Jugendlichen würden sich gegenseitig aus den Schriften eines bisher nicht aktenkundlichen Autors namens Dionysios Areopagita vorlesen. Die Zeitung berichtete am nächsten Morgen, dass die Gäste in mehreren Cafés und Bars der Stadt aus dem *Wandsbecker Boten* von Matthias Claudius und aus den Werken von Antonia S. Byatt und Jorge Luis Borges deklamiert hätten (zu Latte Macchiato und Margaritas, wie die Reporterin ungläubig vermerkte). Und die Leiterin der Basler Niederlassung einer internationalen Treuhandfirma – die entsprechenden Belege liegen uns vor – meldete dem Hauptsitz besorgt, dass die Mitarbeitenden in der Mittagspause und dann auch noch nach Büroschluss über die Geschichte vom Turmbau zu Babel und über die Hybris des Menschen diskutiert hätten.

Zweitens: In den folgenden Tagen wurden die Buchhandlungen geradezu überrannt. Die Lieferengpässe waren enorm, vereinzelt kam es auch zu Plünderungen. Über Nacht entstandene Literatur-Magazine fanden reissenden Absatz. Findige JungunternehmerInnen reagierten sofort und brachten binnen dreier Tage WC-Papier mit aufgedruckten Gedichten von Baudelaire bis Rühmkorf in den Strassenverkauf. Die Verkehrsbetriebe erwogen ein vorsorgliches Vorlese-Verbot in Bus und Tram, verwarfen diese Idee aber aufgrund der entrüsteten Proteste sogleich wieder.

Die Sache hatte weitere Folgen: So wurden Lehrerinnen und Pfarrherren noch spätabends aus ihren Betten geholt, damit sie sich an spontan entstandenen Diskussionen über Erasmus' *Lob der Torheit* und über die Sprüche Salomos beteiligten. Ganze Sippen gingen anlässlich der goldenen Hochzeit der Grosseltern ins Theater (es wurde Strindberg gegeben) und verglichen anschliessend ihre eigene Familiengeschichte mit jener auf der Bühne. Werbetexter suchten im Keller verzweifelt nach den Sammlungen mit Deutschen Gedichten aus der Schulzeit, um ihre Botschaften dem neuen Zeitgeist anzupassen. («Wer jetzt kein Haus hat, baut sich keines mehr», liess ein Baugeschäft schon in der zweiten Woche auf Plakate drucken; ein nur wenig überlegter Schnellschuss, wie sich bald herausstellte.)

Drittens: Die Ereignisse liessen sich nicht lange unter Verschluss halten. Bereits am vierten Tag schickten die Tageszeitungen aus Zürich und Bern Sonderkorrespondentinnen. Einen Tag später sandte das Bundesamt für Gesundheit eine kleine Equipe von Seuchen-Spezialisten an den Rhein, um die Bevölkerung auf alle bekannten Erreger zu testen. Und nur wenig später trafen eine hochrangige Delegation der UNESCO und eine wissenschaftliche Kommission des Pisa-Lenkungsausschusses ein, die das erfolgreiche Basler Bildungsmodell untersuchen sollten.

Viertens: Die ganze Entwicklung hatte ungeahnte wirtschaftliche Folgen. Nicht genug damit, dass die Kosmetik-Abteilungen in der ganzen Stadt reduziert werden mussten, auch Fitnesscenter wurden geschlossen, Garagisten blieben auf den neuen Modellen sitzen und

Tankwarte auf ihrem Benzin, und wegen der abnehmenden Nachfrage nach Schlafmitteln und Psychopharmaka mussten die Apotheken beträchtliche Einbussen hinnehmen. Zudem beklagten mehrere Mobil-Telefonie-Anbieter Liquiditäts-Engpässe, und selbst einige renommierte Anwaltskanzleien sahen sich aufgrund der abnehmenden Streitlust der Bevölkerung gezwungen, Kurzarbeit einzuführen. Allerdings täuschte sich jene Expertin, die schon nach wenigen Tagen mit ernstem Ausdruck zu bedenken gab, dass diese «Konsumverweigerung unweigerlich zu Arbeitslosigkeit und Rezession» führen müsse. Denn der schier unstillbare Hunger nach Büchern hatte zur Folge, dass Buchhandlungen, Verlage und Bibliotheken, dass Druckereien, Typographie-Betriebe und das Literaturhaus Hunderte neuer Stellen schufen. Berufsberater legten Dossiers an, um unschlüssige Jugendliche über den Wachstumsmarkt der Schriftstellerei informieren zu können. Die Planungsabteilung der Messe Basel liess eilends Pläne für Erweiterungsbauten anfertigen, da sie davon ausging, dass der Besucherstrom der kommenden Buchmessen mit den jetzigen Kapazitäten nicht aufgefangen werden konnte. Auch das Kantonale Statistische Amt veröffentlichte nach drei Wochen eine gut begründete Prognose, wonach das Buchgewerbe binnen fünf Jahren zum drittwichtigsten Arbeitgeber des Kantons werden würde. Das Wirtschafts- und Sozialdepartement handelte schnell und lancierte eine Konversions-Kampagne, die gefährdeten Betrieben bei der Umstellung auf neue Tätigkeitsfelder behilflich war (so konnten bereits nach einer kurzen Umschulung Garagisten bescheidene Quartiersbibliotheken eröffnen und Kanzleien die Dienste ihrer Prozessanwälte als Rezitatoren anbieten).

Fünftens: Insgesamt waren nach einem Monat keine negativen Worte über die Entwicklungen zu vernehmen. Einzig einige Hüter von Tradition und Hochkultur gaben sich wenig erbaut, wenn auch nur hinter vorgehaltener Hand und bei Zusicherung völliger Anonymität: Sie stellten insbesondere die Frage in den Raum, wo das denn hinführen solle, wenn nun plötzlich alle über Shakespeare diskutieren und die Texte dann auch noch selber und äusserst unbekümmert deuten würden.

Sechstens: Über die Ursachen dieser Entwicklung – die vom Basler Stadtpräsidenten zu Recht als Revolution ohne Beispiel und von der Präsidentin des Gewerbeverbandes als Erdbeben beschrieben wurde – über die Ursachen also liegen nach wie vor keine gesicherten Erkenntnisse vor. Das an sich durchaus löbliche Bildungssystem der Stadt und die diversen Kampagnen zur Leseförderung kommen als Ursache einer derart rasanten Entwicklung kaum in Frage. Auch die Literaturprogramme in Radio und Fernsehen dürften als Auslöser ausscheiden, da bis in den September nur bescheidene Einschaltquoten verzeichnet wurden. Biologische Ursachen konnten ebenso wenig eruiert werden wie ernst zu nehmende Indizien für die These, dass Agenten im Auftrag der lokalen Verleger und Buchhändler das Basler Trinkwasser mit hohen Dosen des erst unzureichend erforschten synthetischen Stoffs Literazyn-Librosulfat versetzt hätten. Zur Zeit wird noch die Möglichkeit diskutiert, dass es sich im vorliegenden Fall um die Einwirkung einer höheren Macht handeln könnte. Zwei getrennt tagende Ausschüsse der Basler PSI-Tage und der Theologischen Fakultät befassen sich gegenwärtig in unserem Auftrag mit dieser Frage. Eine beteiligte Forscherin der Universität dämpfte die grossen Erwartungen aber bereits dahingehend, dass wegen der notorisch elusiven, schwer fassbaren Natur Gottes und aufgrund grundsätzlicher erkenntnistheoretischer Erwägungen nicht mit gesicherten Erkenntnissen gerechnet werden könne. Für eine eingehende Diskussion dieser Fragen verweisen wir auf den Schlussbericht unserer Untersuchungskommission.

An dieser Stelle sehen wir uns gezwungen, Sie darauf aufmerksam zu machen, dass sich die Fertigstellung des Schlussberichts deutlich verzögern könnte. Dies hat strukturelle Gründe und ist auf den Entscheid der Kommission zurückzuführen, die Arbeit am Bericht zweimal täglich zu Gunsten von längeren Lektürephasen zu unterbrechen. Gegenwärtig liest die Kommission parallel den *Kapitän Pamphile* von Alexandre Dumas (dem Älteren) und *Consummatus* von Sibylle Lewitscharoff, zwei Bücher, die wir den oberen Behörden sehr empfehlen können, genauso wie die Expressionismus-Anthologie *Dich süsse Sau nenn ich die Pest von Schmargendorf*, die in grossartiger Weise ...

## 19.04.2022

| | | |
|---|---|---|
| 122 | **Metropolitanregion Basel** | Martin Josephy |
| 126 | **Die Vielfalt pflegen** | Cristina Stotz |
| 129 | **Blick von der Pfalz** | Felix Erbacher |
| 131 | **Alle Pläne zerschlugen sich** | Martin Zingg |

Es wird sich in Zukunft alles auf das Regional-Lokale und das Globale konzentrieren. Die Nationen werden an Bedeutung verlieren.
*Martin Josephy*

Was ich in Frage stelle, ist, dass Aufwertung immer teuer sein soll.
*Cristina Stotz*

# Metropolitanregion Basel

Martin Josephy (39), Architekt, Stadtplaner und Publizist

Ich bin hier aufgewachsen. Beide Eltern kommen ursprünglich nicht aus Basel, wohnen aber schon seit ihrer eigenen Kindheit hier. Das ist sicher ein sehr starker Bezug, ich bin an diesem Ort gut verwurzelt. Nach der Matura bin ich ins Ausland gegangen. Die Studienzeit habe ich grösstenteils in Deutschland verbracht, aber auch in Dänemark und Österreich. Schliesslich bin ich vor sieben Jahren über Zürich nach Basel zurückgekommen, also mit der Perspektive von aussen wieder in diese Stadt zurückgekehrt.

Dass ich diesen Tag, den 19. April 2022, in meinem Leben schon einmal durchgespielt habe, daran werde ich mich zunächst nicht erinnern, dann aber vielleicht im Verlaufe des Tages durch irgendeine Notiz oder Begebenheit wieder darauf stossen.

Ich stehe dann noch im Berufsleben und gehe jetzt davon aus, dass unsere Welt dann noch einigermassen intakt ist. Ganz aktuell sind ja wieder Szenarien aufgetaucht, die diese Zukunft in Frage stellen, aber ich denke, die nächsten 15, 20 Jahre wird es wohl noch halten.

Da ich also noch berufstätig sein werde, stellt sich die Frage, wo ich dann eingebettet bin. Ich denke, ich bewege mich im Grossen und Ganzen noch im gleichen beruflichen Umfeld. Eines aber wird sich wesentlich geändert haben: Man diskutiert heute, 2007, über die Initiative Grundeinkommen. Möglicherweise ist meine finanzielle Existenz im Jahr 2022 durch so ein Modell gesichert, und Basel hat dabei eine Vorreiterrolle übernommen. Das künftige Modell entspricht vielleicht nicht ganz dem, was wir heute diskutieren, ermöglicht aber eine andere Form von Erwerbsleben, von sozialer Absicherung.

Ich bin kein Spezialist für das Thema Grundeinkommen. Mich interessiert es einfach. Ich meine, es ist eine Spur, die man verfolgen sollte. Basel ist seit jeher eine innovative Stadt gewesen, und ich behaupte jetzt mal, dass auch diese Gedanken in Basel einen Schub bekommen. Allerdings könnte es sein, dass es aus praktischen Überlegungen irgendwelche Beschränkungen gibt, denn diese Fragen sind nicht leicht auf der Basis von territorialen Abgrenzungen zu lösen. Kein politisches System kann sich noch von allen anderen abgrenzen und meinen, dass es diese Aufgabe im Alleingang lösen kann. Es braucht ein Umdenken.

Das Thema Grundeinkommen und das Thema Nationalstaaten, bzw. die Zuständigkeit für diese Fragen, sind ein Paket. Es wird sich in Zukunft alles auf das Regional-Lokale und das Globale konzentrieren. Die Nationen werden an Bedeutung verlieren. Wir haben in der Schweiz schon sehr gute Voraussetzungen, weil die, die der absehbare ökonomische und soziale Wandel vor allem treffen wird, Leute mit einer guten Ausbildung sind. Und wir haben in der Schweiz ein System, in dem Partizipation sehr direkt und kleinräumig funktioniert. Das ist eine Chance, dass Leute, die fähig sind, über so etwas nachzudenken, gleichzeitig auch fähig sind, ins System einzugreifen. Und darum meine ich, dass Basel oder die Schweiz ein guter Nährboden oder ein gutes Umfeld für so ein Experiment sind.

Der Schritt in Richtung Grundeinkommen in der einen oder anderen Form wird nicht ohne einen substanziellen Crash ausgelöst werden. Es braucht also etwas davor. Und was davor passieren wird, ist, dass die Schere immer weiter auseinandergeht, indem das globalisierte Kapital mit der Arbeit nichts mehr zu tun hat – dass es Leute gibt, die produzieren, aber nichts mehr verdienen, und andere Leute, die über Geld verfügen und dafür immer mehr bekommen. Das wird zu einer Situation führen, in der man sich neue Modelle von Solidarität, von Ausgleich und überhaupt von Lebensbasis für eine breite Bevölkerungsschicht überlegen muss. Man wird beginnen darüber nachzudenken, wie das mit dem Grundeinkommen aussehen könnte. Das ist der Crash der Sozialsysteme, der die Nationalstaaten auf die Probe stellt. In der NZZ ist kürzlich ein lesenswerter Artikel von Ulrich Beck erschienen[1], der in Kurzform die ganze Problematik aufrollt. Dass dieser Artikel im Feuilleton einer wirtschaftsliberalen Zeitung abgedruckt werden konnte, finde ich eine grosse Leistung. Das ist ein deutliches Anzeichen von Unsicherheit.

Eine andere, ganz wichtige Frage: unser Verhältnis zu Europa. Ich glaube, wenn ich an diesem Tag im Jahre 2022 aufstehe, bin ich immer noch Schweizer und noch nicht Europäer. Die Schweiz hat sich sehr gut mit der Europäischen Union arrangiert. Damit meine ich, dass alle wichtigen Fragen, wie man mit der EU zusammenkommt, inzwischen geklärt sind. Ganz konkret heisst das, dass die Schweiz einen Sonderstatus behalten und trotzdem im Konglomerat EU aufgehen wird. Die Grenzen, die wir heute in dieser Region spüren, werden sich also verändert haben.

Für mich als Planer, als Architekt, sind 15 Jahre natürlich eine kurze Zeit. Die Projekte, an denen ich heute arbeite, haben diesen Zeithorizont. In 15 Jahren wird sich zeigen, ob das, was ich heute mache, in irgendeiner Form fruchtet, ob ich mich da produktiv einbringen kann oder nicht. Dieser Zeithorizont ist für meine berufliche Perspektive absolut normal. Die Messe wird dann seit 10 Jahren fertig sein und zwar etwa so, wie man sie vor ein paar Wochen in der Zeitung gesehen hat. Wir werden allerdings, so hoffe ich, auf das Dach dieses gewaltigen Baus hinaufgehen können, das ein aussergewöhnlicher öffentlicher Ort ist.

Beim Stadtcasino sehe ich das anders. Es wird zwar ein neues Konzerthaus geben, das wird aber nicht am Barfüsserplatz stehen. Und es wird einen neuen Kopfbau am Barfüsserplatz geben, da wird aber keine Erweiterung des Stadtcasinos drin sein. Das neue Konzerthaus wird in Kleinbasel, auf dem Kasernenareal oder im Hafengebiet stehen. Am Barfüsserplatz wird es vermutlich ein Geschäftshaus geben, obwohl sich ein Kulturbau in Verbindung mit dem alten Musiksaal und einer veritablen Stadt-Lounge besser angeboten hätte.

In der Erlenmatt wird es ein paar Bauten geben, die dann schon über 10 Jahre alt sind. Aber diese Überbauung wird unfertig bleiben – vielleicht mit einem leicht verbesserten Eingang zu den Langen Erlen.

Im Vergleich mit heute wird sich in der Nähe des Badischen Bahnhofs sehr viel verändert haben. Noch fehlt mir eine konkrete Vorstellung davon, wie es dann aussehen wird, aber ich denke, dass der Badische Bahnhof ein neuer Einstiegspunkt nach Basel ist, mit einer ganz anderen Energie als heute. Das hat wesentlich damit zu tun, dass rund um den Badischen Bahnhof sehr viel um- und neu gebaut werden wird.

Nun zu Novartis: Dort werden möglicherweise die ersten Geheimgespräche laufen, wie man den Campus der Stadt zurückgeben kann. Im Wesentlichen werden dies finanzielle Verhandlungen sein. Es wird aber auch darum gehen, wie man das eigentlich gute Stück Stadt wieder integrieren kann, indem man andere Nutzungen hineinbringt, wobei damit nicht gesagt ist, dass Novartis nicht mehr in dieser Stadt ist. Ich habe aber den starken Eindruck, dass der Campus eine Vorbereitung für eine zukünftige Stadt ist, die auch anders genutzt werden kann, als durch das Forschungs- und Verwaltungszentrum eines einzigen Konzerns. Eine Stadt, die sehr offen sein könnte.

Was den Eurodistrikt betrifft, so wird es eine sehr enge politische Zusammenarbeit mit dem Elsass und mit Südbaden geben. Ich bin auch davon überzeugt, dass Richtung Innerschweiz ein anderes Verhältnis herrschen wird. Ich weiss zwar nicht, ob es einen Kanton Nordwestschweiz gibt oder einen anderen Interessenausgleich zwischen städtischen und ländlichen Regionen, aber ich glaube, dass ich, wenn ich an diesem Tag aufwache, mich in einer anderen politischen Konstellation innerhalb der Schweiz wiederfinde, als das heute der Fall ist, auf jeden Fall in einer anderen Gewichtung. Ich selbst werde dann wohl nicht mehr in Basel wohnen, sondern in der Nähe der Stadt, vielleicht im Elsass oder in Südbaden.

Warum ich dann ausserhalb Basels wohne, das hat mit der S-Bahn zu tun. Ich glaube zwar nicht an eine umfassende Lösung für die Regio-S-Bahn bis 2022, aber sie wird sich zumindest in Teilen substanziell verbessern. Das wird für einige Gebiete eine andere Beziehung zur Stadt ermöglichen.

Wenn Basel zu Metrobasel werden will, zur Metropole, dann darf man nicht mehr nur den Münster- und den Petershügel sehen. Das ist die allererste grosse Geste, mit der Basel sich neu definieren muss. Das ist der erste Schritt hin zu einer Metropolitanregion Basel. Wie gross diese dann ist ... ich diskutiere das oft mit Berufskollegen, ob das dem entspricht, was jetzt Metrobasel heisst oder ob da allenfalls Mulhouse und Freiburg dazugehören – wie es ja vom ETH-Studio Basel auch portiert worden ist. Da sind verschiedene Modelle denkbar – es müssen nicht nur institutionalisierte Zusammenschlüsse sein –, verschiedene Formen von Selbstverständnis, das sind zukunftsgerichtete Fragen von Mobilität, von Zentralität, in unserem Fall auch von Grenzziehung, die in Verhandlung sind. Es gibt also eine gegenläufige Tendenz zur Zentrumsstärkung, die man auch diskutieren muss. Und die eine ganz neue Form von Stadt generieren könnte.

Fragt sich denn hier irgendjemand, wie es in Rixheim aussieht? Oder in Staufen? Oder in Sissach? Da muss die Diskussion etwas weiter greifen. Natürlich ist für uns Basel der Nabel der Welt, und Zentralität wird weiterhin ein ganz wichtiges Argument bleiben. Ich plädiere auch ganz und gar nicht für die differenzlose Ausbreitung in die Landschaft. Aber nach einer Zeit, in der die Zentren ganz stark im Fokus gewesen sind, wird auch wieder eine Zeit kommen, in der man sich fragen wird, wie man denn auf dem sogenannten Land lebt, das es ja entgegen allen Behauptungen auch noch gibt.

Schliessen möchte ich mit einem Zitat. Ich glaube, Karl Kraus hat das einmal über Wien gesagt, aber es gilt eigentlich für jede Stadt: Wien bleibt Wien, das ist die schlimmste aller Drohungen.

---

1 «Abschied von der Utopie der Vollbeschäftigung», NZZ, 4.11.2006

# Die Vielfalt pflegen

Cristina Stotz (59), Weiterbildungsbeauftragte zur Umsetzung des Basler Integrationsleitbilds am Institut für Unterrichtsfragen und LehrerInnenweiterbildung (ULEF), Herausgeberin des Stadtquartierführers «Klybeckstrasse im Quadrat»

Ich bin Basler Bürgerin, bin aber im Ausland geboren und habe ganz verschiedene Wurzeln anderer Nationen in mir, von meinen Eltern her. Mein Vater war zwar Basler, die Grosseltern aber stammen alle aus anderen Ländern, aus Italien, Frankreich, Deutschland, Amerika. Vielleicht fühle ich mich deshalb im Matthäus-Quartier, in dem ich wohne, so wohl. Davor habe ich 14 Jahre in Kleinhüningen gewohnt. Aufgewachsen bin ich aber im Leimental. Die Primarschule habe ich dort besucht und die restliche Schulzeit in Basel. Meine künstlerische Ausbildung fand in Bern statt. Ich bin also immerhin bis Bern gekommen.

Am 19. April 2022 werde ich nicht mehr berufstätig sein. Wenn die Erwärmung so weitergeht wie zur Zeit, könnte es ein warmer Tag werden. Heute hatte ich die Idee, vielleicht ein Pfaffenhütli im Garten zu pflanzen, aber besser wäre wohl eine Palme. Vor allem in der Innenstadt, dort, wo es eng bebaut ist, wird es sehr wahrscheinlich noch wärmer. Ich wünsche mir deshalb, dass es einen Ausgleich gibt zwischen Luft und Enge, eine Grosszügigkeit von Enge und Weite, dass Politiker oder Architekten ein Augenmerk darauf haben, dass wir nicht alles zubauen, damit Freiräume bleiben. Diese sehe ich grün, als Ausgleich zu der bebauten Fläche, und zwar grüne Wiesen mit ganz unterschiedlichen Bepflanzungen. Es gibt eine Pflanzenvielfalt, so wie es eine Menschenvielfalt gibt.

Ich möchte, dass unsere Kinder Primärerfahrungen machen können, dass man keine Spielplätze mit Spielgeräten bauen muss, sondern dass die Kinder auch z. B. auf der Claramatte oder in der nächsten Umgebung einen Purzelbaum schlagen können. Der Mensch muss eine Dimension bekommen, die nicht niedlich und klein ist, und wo er selber der Massstab für Entwicklungen ist. Zu dieser Dimension gehört auch die Artenvielfalt der Pflanzen, mit denen die Wahrnehmung der Menschen stimuliert wird, mit verschiedenen Blütenfarben. Und auch eine architektonische Vielfalt, mit verschiedenen Bauten, Höhen und Weiten. Für mich spielt dabei ein soziologischer Gedanke hinein, dass sich nämlich die Wertschätzung gegenüber den Menschen und der Vielfalt in der Architektur und der Stadtgestaltung spiegeln kann.

Wichtig ist auch, dass man Flächen definiert und zwar so, dass die Definitionen sichtbar und erlebbar werden. Für mich ist vieles zu wenig strukturiert und überlegt worden: Wem muss zum Beispiel diese Strasse wie dienen?

Der Wert dieser Stadt wird noch zusätzlich gesteigert, wenn sie sich wirklich von dem absetzt, was ausserhalb von ihr ist. Basel soll ein städtisches Zentrum sein, dazu gehören auch die Autos, allerdings mit einer Verringerung des motorisierten Verkehrs. Dennoch ist dieses Basel keine Heimatschutzstadt, das möchte ich auf gar keinen Fall.

Was ich in Frage stelle, ist, dass Aufwertung immer teuer sein soll. Wir werten in Basel teuer auf, aber ob das so sein muss, das bezweifle ich. Genauso stelle ich in Frage, dass die Innenstadt attraktiv für gute Steuerzahler ist. Meine Überlegungen und Beobachtungen sind vielmehr: Wer viel Geld hat, der leistet sich auch einen Garten mit Freiraum und nicht nur eine Wohnung. Mag sein, dass er tatsächlich eine Wohnung in Basel hat, aber dann auch noch eine Zweit- oder Drittliegenschaft. Ich glaube auch, dass die Erlenmatt nicht die Erwartungen erfüllen wird. Die ist vielleicht für mich in meiner Einkommensklasse attraktiv, aber sie zieht nicht die guten Steuerzahler an, die man hierherbringen will, weil man nicht das bietet, was diese wollen.

Sicher ist für mich auch, dass Basel nicht so «attraktiv» sein wird, dass der Ausländeranteil steigt, dass mehr Migranten kommen. Ich glaube eher, dass wir im Vergleich zu anderen Standorten unattraktiver werden. Das hängt wohl damit zusammen, dass wir einerseits eine überalterte, bewahrende Bevölkerung haben und anderseits eine Fun-Gesellschaft sind, in der Arbeit nicht viel bedeutet.

Die Kinder sind Spiegel unserer Gesellschaft. Wenn sie uns z. B. eines Tages pflegen sollen oder kooperieren müssen, am Alltag partizipieren, sehe ich massive Probleme der Sozialisierung, und zwar nicht, weil jemand Ausländer ist. Das konkrete Problem wird sein, dass wir eine ganze Generation von Schülerinnen und Schülern haben, die ins Erwerbsleben kommen, von der die Wirtschaft ganz klar sagt: Wir können die nicht brauchen. Das heisst aber eigentlich: Unsere Gesellschaft ist unbrauchbar, denn Kinder sind nichts anderes als ein Teil unserer Gesellschaft, und das macht mir am meisten Angst. Die Vision in den Köpfen der Kinder ist: Ich möchte gerne Musicstar werden, aber nicht Alterspfleger.

Am Sonntag bin ich von Gasi Antep zurückgekehrt. Gasi Antep liegt in Südostanatolien in der Türkei, eine Gegend, aus der wir viele MigrantInnen haben. Ich war dort, weil ich auch sehen wollte, wie dort die Kinder lernen, wie motiviert sie sind. An vielen Orten habe ich Sachen gesehen, wo ich denken muss: Mensch, wir könnten so viel von ihnen lernen. Ein Beispiel: Gasi Antep ist die sechstgrösste Stadt der Türkei. In dieser Stadt leben 300 000 Menschen. Es gibt keinen Fluss wie den Rhein, sie haben einen Bach, nicht mal so gross wie die Birs, vielleicht etwas grösser als der Birsig. Entlang dieses Wassers gibt es einen 7½ km langen Stadtpark, mit Wasserspielen, Plätzen, Wiesen und Teegärten, und alles war blau von blühenden Blauglockenbäumen und nirgendwo habe ich Dreck gesehen. Die Menschen haben eine grosse Wertschätzung vor allem. Und das Bruttosozialprodukt ist stark gewachsen, weil sie Visionen haben. Sie wollen, dass es ihnen dort besser geht. Jetzt haben sie schon viel erreicht. Vor 10, 15 Jahren hatten sie das noch nicht, deshalb sind viele Menschen zu uns gekommen.

Einen grossen Wunsch habe ich zum Schluss noch für Basel: Ich möchte gern, dass man Basel nicht mehr unterteilt, dass man nicht mehr sagt, es ist eine Fussballstadt Basel, es ist eine Energiestadt Basel, eine Messestadt Basel, eine Tourismusstadt Basel, eine Kulturstadt Basel, das ist so etwas Aufgeblähtes. Ich hoffe, dass man einfach sagt: Das ist Basel!

# Blick von der Pfalz

Felix Erbacher (60), Leiter Wirtschaftsredaktion Basler Zeitung

Zu Basel kommt mir spontan der FCB in den Sinn. Dann Schule, Studium, der Rhein, der Beruf. Ein ganzes Leben lang Basel. Ich bin eigentlich ein Stubenhocker, und ich wusste, dass ich nach dem Studium unbedingt ein Jahr lang verreisen muss. Das habe ich auch getan, weil ich befürchtete, dass ich das sonst nie mehr tun würde. So ist es dann auch gekommen: Seit 30 Jahren bin ich jetzt bei dieser ungeliebten, manchmal geliebten Basler Zeitung.

Vorhin war ich auf der Pfalz und habe gedacht: Das muss so bleiben, das muss auch in 15 Jahren noch so sein, dieses Abendlicht, die Ausländer auf der Pfalz, da waren Japaner und Chinesen, die noch einen Spaziergang gemacht haben, und die Promenade am Rhein – das war wirklich schön. Natürlich kann ich mir auch die Messe Basel vorstellen, und habe mir dann auch das grosse Roche-Hochhaus vorgestellt, noch viel grösser als den Messeturm.

An dieser Stelle wollte ich eigentlich sagen, dass ich mir eine verkehrsfreie, also eine motorlose, CO2-freie Innenstadt wünsche. Aber dann bin ich mit dem Velo hierhergefahren und habe gedacht: Das ist ja schon so. Von der Pfalz bis hierher bin ich vielleicht *einem* Taxi begegnet. Allerdings wäre es natürlich schön, wenn ich im Jahr 2022 am Aeschenplatz, wo ich arbeite, und wo ich ab und zu vor dem BaZ-Gebäude eine Zigarre rauche, diese Abgase nicht einatmen müsste – und wenn ich keine Angst haben müsste, dass mich jemand erschiesst, nur weil ich eine Zigarre rauche.

Dann bin ich in meiner Vorstellung wieder auf der Pfalz und weiss: Das ist Basel, dort ist das Elsass, dort ist Deutschland. Und ich hoffe, dass die beiden Basel immer noch getrennt sind, weil ich glaube, dass die Individualität dieser beiden Halbkantone so am besten bewahrt wird, dass der Oberbaselbieter Oberbaselbieter bleibt und der Kleinbasler – Gopfverklemmi! – Kleinbasler. Selbstverständlich sind die finanziellen Differenzen bis dahin gelöst worden. Diese mühsamen Kämpfe, die gibt's dann nicht mehr.

Das Gleiche wünsche ich mir auch für das Elsass und für Südbaden. Diese Regionen sind dann sicher besser mit uns vernetzt. Wir können mit dem Tram nach Weil oder nach Lörrach fahren. Es sind spezifische, profilierte Gegenden mit ihren Eigenheiten geblieben, mit ihren Läden, mit ihrem eigenen Sortiment. Der Elsässer mit seinem Käsesortiment, und in Deutschland das typisch deutsche Angebot.

Was die soziale Struktur im Jahr 2022 betrifft, so denke ich, dass es ein Grundeinkommen geben wird. Ich bin überzeugt, dass niemand mehr im Dunstkreis der Invalidenversicherung oder der Arbeitslosigkeit bzw. von Arbeitsprogrammen sein wird. Habe ich dreckige Schuhe, kann ich sie auf der Pfalz von einem Schuhputzer putzen lassen. Der verdient zwar nicht genug, aber er hat ein Grundeinkommen. Auf den Golfplätzen gibt es dann wieder Caddies, und auf den Tennisplätzen gibt es wieder Leute, die die Bälle zusammensammeln, so wie ich es als Junge getan habe. Das könnte man, etwas überspitzt gesagt, mit dem Grundeinkommen verbinden.

Ich bin überzeugt davon, dass es keine Armut mehr gibt, weil der Wohlstand weiter steigt. Ich kann mir zwar vorstellen, dass die Schere noch weiter auseinanderklaffen wird, aber ich gehe trotzdem davon aus, dass wir praktisch keine Arbeitslosen haben, auch keine Sockelarbeitslosigkeit mehr, und dass wir das mit diesem Grundeinkommen absichern können.

Was wir auch nicht vergessen dürfen, ist die demografische Entwicklung. Es wird viel mehr ältere Leute geben. Entsprechend werden die Anbieter, die Produzenten auf diese Leute eingehen müssen, weil sie damit Geld verdienen können, zum Beispiel bei der Mobilität, damit diese alten Menschen, die sich eine Wohnung in der Innenstadt nicht leisten können, auf bequeme Art in die Stadt kommen können. Es wird viele neue Stellen im Dienstleistungsbereich geben, Dienstleistungen, die altersunterstützend oder alterspflegend oder eben auch altersunterhaltend sind.

Schulische Defizite entstehen nicht mehr, denn die Wirtschaft ist viel stärker in die Ausbildung eingebunden. Sie gibt den weniger Begabten die Gelegenheit, Erfahrungen in den Betrieben zu sammeln. So kommen sie auch nicht mehr auf die Idee, Litteringszenen zu veranstalten oder Schmierereien oder noch viel negativere Sachen.

Was mit Novartis passiert, ist schwierig zu sagen. Der Campus ist entweder ganz geschlossen oder Novartis ist gar nicht mehr dort. Wir werden nach wie vor die Life-Science-Metropole sein. Novartis und Roche werden nicht mehr alleine die Grossen sein. Vielleicht sind sie längst übertroffen worden, von Arpida oder Santhera oder Basilea, das sind diese neuen wachsenden biopharmazeutischen Firmen; Actelion ist das beste Beispiel. Da werden noch viele dazukommen. Basel wird ein toller neuer Life-Science-Platz sein, der weltweit eine viel grössere Rolle spielen wird. Auch die Schulen und die Universität haben gemerkt, dass man sich darauf fokussieren und die Leute darauf vorbereiten muss.

Diagnostica und Pharma sind gänzlich miteinander verknüpft. Ich gehe zum Arzt und der analysiert mich und sagt: Du bist brustkrebsgefährdet. Ich weiss, dass dein Vater an Brustkrebs gestorben ist, dein Grossvater, deine Schwiegermutter, und alle haben sie geraucht. Aber mit den neuen Methoden kann man genau diagnostizieren, genau auf meine Person ein Programm zusammenstellen, mit Medikamenten oder gentechnisch, so dass ich keinen Brustkrebs bekomme.

# Alle Pläne zerschlugen sich

Martin Zingg

Alle Pläne zerschlugen sich. Ich bin nicht Schauspieler geworden. Nie habe ich mich lange genug verstellen können. Meine Brille liess ich überall liegen und wurde sie trotzdem nicht los, meine Kurzsichtigkeit hält an. Ich bin noch immer nicht Antiquar und nicht Pilot. Unzählige Absichten durchgestrichen, eine nach der andern. Alle Reisebücher über Bali habe ich gelesen, alle wichtigen Sachen darin farbig markiert, hingefahren bin ich dann doch nicht. Mit Brigitte im Tanzkurs, plötzlich liess sie mich sitzen. Claudia forderte nach drei Wochen ihre Schlüssel zurück. Wir haben noch einige Male telefoniert, danach nicht mal eine Postkarte. Sieben Jahre Hochschule für Filmkunst in Bad Honnef, anschliessend Rausschmiss, eine Film-Exposé-Maria hätte sehr langsam und mit sichtbar hautrötender Hingabe an einer Bratwurst herumnagen sollen, bitte, sowas Harmloses, der Film wäre ein Erfolg gewesen. Das nach der Neuorientierung notwendig gewordene Bewerbungsschreiben an die Weltbank wurde nicht beantwortet. Corinna verliess mich bereits nach der ersten Nacht. Alles ging schief. Dass ich den Filz erfunden und weltweit unentbehrlich gemacht habe in jahrelanger Arbeit, die Lungen seufzten im feuchten Keller, wo ich meine textilen Explorationen vorantrieb zum Frommen der Menschheit, die Gelenke quollen auf, bedenklicher Haarausfall und damit verbundene Erweiterung der Rohstoffpalette mit anschliessender Veredlung des Textils, niemand hat es mir je gedankt. Das Patentamt, als ich vorstellig wurde, legte den Antrag vor meinen Augen zum Altpapier. Wer heute Filz trägt, auf dass ihm warm werde oder wenigstens bleibe und aller Feuchtigkeit Einhalt geboten sei, kennt noch nicht einmal den Namen des Menschen, dem er dieses Material verdankt. Nicht ein einziger Dankesbrief von einem Förster oder Zollbeamten oder Jäger oder einer spätexistenzialistischen Denkerin oder wem auch immer, null, nichts, nada. Keine Tantiemen auch, versteht sich. Ich bin frei von jeglicher Anerkennung, welche Gestalt sie auch annehmen möge. Jede noch so sorgfältig geplante Aktion gegen meine andauernde und mit jedem Jahrzehnt qualvoller werdende Bedeutungslosigkeit verlief im Sande. Es nahm, nächste Kränkung, kein einziger Mensch davon Notiz, dass mich mangelnde Beachtung seitens der Mitwelt plagte. Jahre, fünf Jahre mindestens habe ich damit zugebracht, meine Erfolglosigkeit endlich und für immer in ihr Gegenteil zu wenden, aber selbst meine Briefmarkensammlung wollte mir niemand abkaufen. Nie bin ich auch nur eine einzige Briefmarke losgeworden. Einem Menschen wie mir, muss ich argwöhnen, kauft ein vernünftiges Wesen keine Briefmarke ab, auch keine gebrauchte. Da hilft nichts. Michaela wollte nie mit mir schlafen. Bloss mit mir ins Kino oder zum Chinesen. Noch nicht einmal Requisiteur beim Theater habe ich werden dürfen. Mir darf man auch keine Kostüme anvertrauen, das kann offenbar jeder Mensch besser als ich, der ich den Filz erfunden habe in jahrelanger, entbehrungsreicher Arbeit. Keine Antwort auf meine umfangreichen Beschwerdeschreiben, umsonst das Porto, der Gang zur Post. Alle Mühe vergebens, das Buch der Klagen ein anschwellendes Konvolut, drei fette Ordner, kein Mensch wird sie je in die Hand nehmen.

Für die Katz. Meine Brille bin ich nicht losgeworden. Darum habe ich unter Qualen, als schabe pausenlos ein feuchter Kragen wie Schleifpapier am wunden Nacken, zwar keineswegs untätig, jedoch todtraurig, offensichtlich jeden Glückes unwürdig, zusehen müssen, wie es mir ergeht, und dabei die Brille immer wieder voller Demut hochgeschoben. Es ist, selbstverständlich, ein zutiefst, was sage ich, ein unendlich grauenerregender Anblick, den ich niemandem zumuten möchte.

## 24.05.2022

| | | |
|---|---|---|
| 136 | **Die Jugendlichen mehr einbeziehen** | Denise Greiner |
| 138 | **Klimagau und Paradies** | Isabelle Schubiger |
| 140 | **Provinzielle Globalität** | Antonio Loprieno |
| 142 | **Schreiner an die Uni!** | Diskussion |
| 146 | **Warum Utopie?** | Enno Schmidt |

Ich kann mir sehr gut vorstellen, dass Menschen,
die eine bestimmte Zeit in Basel verbracht haben, hier kantonal stimmen
und wählen dürfen. Ich hätte keine Angst davor.
*Denise Greiner*

Für alle etwas, aber für wenige das Gleiche. Das wäre das Ideal.
*Antonio Loprieno*

# Die Jugendlichen mehr einbeziehen

Denise Greiner (47), Gymnasiallehrerin

Meine Beziehung zu Basel ist eigentlich eine ganz langweilige. Ich bin hier geboren, aufgewachsen, zur Schule und sogar an die Uni gegangen. Sie ist aber vielleicht nicht so langweilig, weil sie von meinen Eltern her nicht so eindeutig ist. Meine Mutter ist aus Italien eingewandert, mein Vater ist in Basel im Waisenhaus gewesen und im Emmental aufgewachsen. Basel ist mir also nicht unbedingt in die Wiege gelegt worden.

Basel ist der Ort, von dem aus ich zum ersten Mal in die Welt hinaus gegangen bin, und so gesehen ist es ein ganz grosses Stück Heimat. Wenn ich am Bahnhof SBB die gebogenen Glasdächer über den Gleisen in einem gewissen Abendlicht sehe, dann habe ich zwar immer so eine Sehnsucht, wegzugehen, aber gleichzeitig auch ein ganz klares Gefühl von: Hier bin ich zu Hause.

Ich habe Basel in verschiedenen Quartieren erlebt. Es gab eine Phase in meinem Leben, in der ich etwa alle anderthalb, zwei Jahre gezügelt bin. Das war und ist noch heute spannend, weil Basel recht ausgeprägte Quartiercharaktere hat. Das erlebt man nicht in jeder Stadt gleich. Jetzt wohne ich mit meinem Mann im Kleinbasel, allerdings, wie ich meine, in einem privilegierten Teil des Kleinbasel, im Wettsteinquartier.

Ich würde es toll finden, wenn Basel im Jahr 2022 eine Stadt wäre, in der vieles, was jetzt auf diesem guten Boden besteht, weitergewachsen ist. Wenn z. B. die kulturellen Institutionen sich in einer Art ausweiten könnten, in der sie für alle zugänglich sind. Das ist sehr viel verlangt.

Ich arbeite viel mit Jugendlichen zusammen und erlebe immer wieder, dass sich diese zum Teil nicht so angesprochen fühlen, dass sie sich vielleicht vom Raum der Stadt Basel ein wenig ausgeschlossen fühlen. Das ist zum Teil auch verständlich. Jedes Lebensalter hat seine Interessen und auch seine Zugänge oder solche, die später vielleicht noch dazukommen oder eben nicht. Meine Vision wäre, dass man diese Jugendlichen mehr einbezieht.

Natürlich gibt es auch Jugendliche, die nicht dazugehören wollen. Jugendlichkeit heisst ja auch, nicht dazuzugehören und Sachen zu machen, die aufregen. Rumsaufen, den Abfall liegen lassen, das ist im Menschsein drin, das gehört dazu. Und doch gibt es in unserer Zeit Tendenzen, die ich mir in der Zukunft anders wünschen würde.

Was die Schule betrifft, wünsche ich mir, dass der Satz verwirklicht wird, der die amerikanische Schule prägt: No child left behind. In dieser Schule der Zukunft werden auch die Kinder und Jugendlichen mitgenommen, die eine spezielle Förderung und intensivere Schulprogramme brauchen. Gleichzeitig aber, und das ist das Schwierige, wird es vermehrt bestimmte Standards geben. Das hat dann natürlich auch mit Leistung zu tun.

In der Stadt der Zukunft gäbe es mehr Firmen, die das Wagnis eingehen, auch mal jemanden aufzunehmen, der, ich sage jetzt nicht, einen geschützten Arbeitsplatz braucht, aber vielleicht eine Arbeitsstelle, die ein, zwei Schritte in diese Richtung geht. Also etwas, das nicht sofort Profit bringt bzw. leistungsstarke Arbeitskräfte, sondern wo das eventuell länger dauert. Vielleicht ist es auch mal ein halbes Jahr lang «für die Füchse». Das sieht natürlich auf der Geldseite nicht so positiv aus für die Firma, und nicht jeder kann sich das leisten, dennoch denke ich, dass es unbedingt mehr solcher Wagnisse geben muss.

Ich kann mir auch sehr gut vorstellen, dass eine Initiative wie das Jugendparlament in dieser Zukunftsstadt eine feste Institution ist. Aber eine, an der nicht nur ein paar wenige hobbymässig teilnehmen, solange sie noch Zeit haben, bis sie dann vom Studium vereinnahmt und von den wichtigen Posten, die sie ausfüllen, quasi wieder abgesaugt werden, sondern an der sie sich längerfristig einsetzen. Dass das Jugendparlament eine Institution ist, die verankert ist und in der auch Menschen aus anderen Kulturen dabei sind, nicht nur die Gymnasiasten von Basel-Stadt, so dass es wirklich ein Forum für alle wird.

Und ich kann mir auch sehr gut vorstellen – solche Vorschläge hat es ja schon gegeben –, dass Menschen, die eine bestimmte Zeit in Basel verbracht haben, hier kantonal stimmen und wählen dürfen. Wenn man hier Steuern zahlt und hier lebt, fünf oder acht Jahre lang, dann sollte das eigentlich möglich sein. Mir wäre das wichtig, und ich hätte auch keine Angst davor.

Natürlich werden die verschiedenen Gesellschaftsgruppen auch weiterhin ein Stück weit nebeneinanderher leben. Ich glaube, so sind wir Menschen nun mal. Es wäre nicht ehrlich, eine Zukunft zu entwerfen, in der alles gelöst ist, und in der alle, so wie wir an diesem Tisch sitzen, eine grosse Familie sind, in der jeder Verständnis für den anderen hat. Ich glaube nicht, dass das je Wirklichkeit sein kann, aus unserem Menschsein heraus. Aber ich könnte mir gut vorstellen, dass wir vermehrt Quartiertreffpunkte organisieren, dass es mehr Kommunikation und weniger Angst voreinander gibt, dass sich mehr Menschen als Teil eines Ganzen fühlen und es deshalb auch mehr Anteilnahme gibt. Quartiertreffpunkte, die eine Anziehung ausüben, wo die Menschen gerne hinkommen, wo aber nicht nur drei, vier die Initiative haben und die ganze Arbeit leisten und wenn sie müde geworden sind, das Ganze wieder zusammensinkt. Es gibt diese Wege, und da ist auch schon etwas entstanden.

# Klimagau und Paradies

Isabelle Schubiger (33), Regieassistentin Theater Basel

Ich bin in Luzern aufgewachsen und meine Mutter in Baselland. Durch sie habe ich also schon einen Bezug zu dieser Stadt gehabt, aber einen anderen Bezug als jemand, der in einer Stadt aufgewachsen ist. Basel ist einfach ein Traumort gewesen. Da ist ein Fluss durchgeflossen und der hat immer nach Meer gerochen. Man konnte mit dem Velo über die Grenze und dann war man in Frankreich.

Das Dorf in der Nähe von Luzern, in dem ich aufgewachsen bin, war ein Nest, ich wollte so schnell wie möglich weg. Ich ging im Luzerner Hinterland ins Lehrerseminar, unterrichtete zwei Jahre und hatte dann genug Geld, um in Basel zu studieren. In dieser Stadt fühlte ich mich sehr wohl, und am wohlsten im Theater Basel, wo ich heute arbeite.

Bis 2022 hat uns die Klimakatastrophe eingeholt. Die Erderwärmung hat sich auch in Basel klar bemerkbar gemacht. Bei uns wachsen eindeutig andere Pflanzen. Das muss eine Katastrophe gewesen sein, eine absolute Katastrophe. Alle Basler sind aus den Häusern rausgekommen. Zum ersten Mal hat man sich wirklich auf den Strassen getroffen und geredet. Man hat plötzlich gemerkt: Wir haben einen gemeinsamen Feind!

Das muss irgendwann in der Zeit vor 2022 geschehen sein, und zu diesem Zeitpunkt, an dem sich die Menschen in Basel aufgeregt unterhalten haben, ist sogar Streit ausgebrochen. Man ist aufeinander losgegangen, und endlich konnten auch die Schweizerinnen und Schweizer Gefühle zeigen und ihre Emotionen rauslassen. Sie konnten einander anschreien und fanden das so befreiend. Basel ist seither berühmt dafür.

Ich finde die Stadt ja schon jetzt sehr offen, allein wegen des Dreiländerecks, aber danach hat sich die Stadt noch mehr geöffnet. Die Leute haben die Türen geöffnet, man konnte durch die Häuser rein und raus – also ein bisschen das Prinzip Holland –, man nahm die Vorhänge ab, riss die Zäune vor dem Haus weg und wurde plötzlich auch wieder neugierig: Was macht eigentlich mein Nachbar und wer ist das? Was arbeitet der?

Man konnte auch in die Novartis rein, auch ins Theater, das war offen für jeden und jede. Man entdeckte in sich wieder kreative Kräfte, die dann natürlich überall Platz fanden. Man konnte durch den Tinguely-Brunnen springen, und keiner sagte, das ist verboten. Die Stadt wurde immer bunter und farbiger. Palmen wuchsen, und eines Tages wurde auch der Zoo geöffnet.

Durch dieses Ereignis ist auch eine Integration der Generationen entstanden. Plötzlich merkte man, eigentlich sind wir zu individualistisch geworden, wir müssen wieder zurück zu einer wirklichen Gemeinschaft finden. Plötzlich wurde das Wort Familie wieder in den Mund genommen, man merkte: Aha, das ist ja doch etwas, was uns zusammenhält, diese Nestwärme, das brauchen wir. Auf Bundesebene wurde entschieden, in der ganzen Schweiz Krippen zu eröffnen, das familiäre Zuhause wurde unterstützt und der Mutterschaftsurlaub verlängert.

In den Schulen erkannte man: Wissen, ja, das bringt uns schon weiter, aber nicht nur Kopfwissen. Wir müssen wieder viel mehr zu den eigentlichen Sinnen zurück. Ab der ersten Klasse wurde Kochunterricht eingeführt, auch Werken wurde wieder gefördert und Handarbeit. Diese ganzen, fast schon archaischen Bereiche des Wissens wurden wieder verstärkt in den Unterricht einbezogen.

Nach diesem Klimakollaps wurde Basel eine offene, freiere Stadt, mit einem intensiveren Zusammenleben, ein kreativer Pott in dieser Hitze drin. Die offenen Plätze wurden mit dem eigenen Interieur möbliert, plötzlich war das Wohnzimmer draussen, dann auch die Küche, und drinnen ... nun ja, vielleicht sassen die Dramatiker noch drinnen.

# Provinzielle Globalität

Antonio Loprieno (52), Rektor der Universität Basel, Ägyptologe

Ich bezeichne mich als Weltbürger. Geboren bin ich in Italien, meine Eltern sind Italiener. Ob ich mich aber noch als Italiener betrachte, ist, aufgrund meines Lebens, so eine Sache. Ich bin in Belgien gross geworden, habe in Deutschland studiert, dort eine Zeitlang gearbeitet, meine Frau ist Deutsche, die meiste berufliche Zeit habe ich in den USA verbracht, habe an der Universität von Kalifornien gelehrt, und seit 2000 bin ich in Basel. Jetzt stellt sich natürlich die Frage, ob es da eine gewisse Logik gibt, die Basel fast zum Ende eines Programms gemacht hat? Ich bin durchaus dieser Meinung. Wir Wissenschaftler versuchen immer eine Logik zu erkennen, auch wenn es sie nicht gibt. Ich bin in meinem Leben sozusagen dem Schiff der Ägyptologie gefolgt, und wohin mich das Schiff gebracht hat, dort ist meine Heimat gewesen, zumindest in meinem beruflichen Leben. Ich denke, dass es durchaus sinnvoll ist, dass mich dieses Schiff nach Basel gebracht hat. Von all den Orten – und die sind zahlreich gewesen –, an denen ich in meinem Leben gewesen bin, würde ich sagen: Wenn alle Heimat gewesen sind, so ist Basel gewiss noch heimater als die anderen.

Ich finde diese ersten zwei Voten, die wir heute Abend gehört haben, sehr interessant. Frau Greiner hat ein eher realistisches Bild angeboten und Frau Schubiger ein, sagen wir mal, sehr utopisches. Bei mir ist es so, dass eine Woche in meinem Amt eine optimale Kur gegen jede Hingabe zur Utopie ist. Wenn Sie sich Visionen überlegen sollten, würde ich Ihnen einen Tag mit mir empfehlen, dann relativieren Sie sofort. Insofern hätte ich nicht das kreative Potenzial von Frau Schubiger.

Ich werde dennoch versuchen, Ihnen mein Modell 2022 darzustellen. – Übrigens werde ich dann seit einem Jahr, so ich noch lebe, emeritiert sein. Insofern wird 2022 ein sehr gutes Jahr sein, was auch immer um mich herum geschieht.

Ich würde mir wünschen, dass Basel 2022 in vielerlei Hinsicht genauso ist wie jetzt. Ich wäre sehr froh, wenn uns das gelänge. Basel hat eine sehr interessante Mischung aus Provinziellem und Globalisiertem. Diese provinzielle Globalität würde ich mir als beständiges Merkmal von Basel wünschen. Das ist an sich schon eine Art Vision. Wir haben bereits heute einen demografischen Druck. Wenn es der Stadt gelingt, trotzdem das vielfältige Angebot an Kultur aufrechtzuerhalten, trotz reduzierter Einwohnerzahl, wäre das sehr gut.

Natürlich würde ich mir mehr Jugendliche wünschen. Und natürlich studieren alle an der Universität Basel. Das einzige neue Gesetz wäre ein «Verbot» für junge Menschen, sich an einer anderen Universität zu immatrikulieren.

Wünschenswert wäre also eine kleine Korrektur unserer demografischen Struktur zu Gunsten des Alters zwischen 20 und 30. Im Rahmen des Möglichen die gleiche Einwohnerzahl und im Rahmen des Möglichen die gleiche Vielfalt an Kulturellem.

Frau Greiner hat von Kultur für alle gesprochen. Mir schwebt dagegen vor: Für alle etwas, aber für wenige das Gleiche. Das wäre das Ideal. Dass es eine Vielfalt an Distinktion, an Unterscheidung gibt. Beaulieu spricht von Distinktion als Merkmal menschlicher Gesellschaft. Ich glaube, dass es nicht nur Distinktion von Reichtum oder von Bildung gibt, sondern dass Distinktion etwas ist, was uns gewissermassen unterscheidet und gleichsam vereint. Ich würde mir wünschen, dass Basel diese verschiedenen Formen von Distinktionen pflegt und ausbaut. Und angesichts der problematischen demografischen Verhältnisse wäre eine kleine Korrektur zu Gunsten der unteren Pyramidenstruktur der Alterspyramide das, was ich 2022 gerne hätte, obwohl ich zu diesem Zeitpunkt selber zum oberen, noch nicht zur Spitze, aber sicher zum oberen Drittel dieser Pyramide gehören werde.

Ich kann meine Erfahrungen in Basel mit den Erfahrungen in der letzten Stadt vergleichen, in der ich gelebt habe, das war Los Angeles. Los Angeles ist grösser als die Schweiz. Das Viertel von Los Angeles, in dem ich lebte, war, im Sinne der Fläche, zigmal grösser als Basel, hatte aber nur 30 000 Einwohner. Suburbia. Ich war da sehr glücklich. Clairmont in Kalifornien war, als Suburb von Los Angeles, just das Gegenteil von Basel, nämlich globalisierte Provinz. Basel dagegen hat, wie gesagt, eher eine provinzielle Globalität. Was ich damit meine, ist, dass man die Möglichkeit hat, auf relativ reduzierter Fläche eine unglaubliche Varietät zu haben: Varietäten an Menschen, an kultureller Erfahrung, an Bildungsangebot, Varietäten auch an wirtschaftlichem Potenzial, ohne das, seien wir ehrlich, das andere nicht geht. Das meine ich: schlank in der Zahl, aber vielfältig im Potenzial.

# Schreiner an die Uni!

*Diskussion*

Adrian Portmann: Herr Loprieno, Sie haben gesagt, es bestehe eine Pflicht, dass alle Jugendlichen an der Universität Basel studieren. Also kann man wohl von einer Anhebung des Levels sprechen.

Antonio Loprieno: Ah, das ist eine komplizierte Geschichte. Denn die Frage des Levels ist immer eine Frage der Relation. Wenn plötzlich alle an der Universität Basel studieren, dann ist es nicht so, dass es mehr Gebildete gibt. Das Verhältnis von gebildet und ungebildet ist seit der Bronzezeit identisch geblieben, nur das, was gebildet und ungebildet ausmacht, das ist seither anders geworden und wird immer neu verhandelt. Wenn alle endlich das Licht am Ende des Tunnels erkannt haben werden und in Basel studieren, wird die Universität Basel im Vergleich mit der heutigen viel schlechter sein. Sie wird genauso gut sein, aber sie wird nicht mehr ein Weg der Distinktion, der Unterscheidung sein, weil alle «per Gesetz» dort studieren werden.

Adrian Portmann: Alle, die studieren können, oder wirklich alle?

Antonio Loprieno: Wir werden dieses Gesetz peu à peu einführen. Wir fangen mit allen an, die studieren können, und dann erweitern wir und machen es für alle obligatorisch.

Adrian Portmann: Dann sprechen Sie also das Wort für die festzustellende, zunehmende Akademisierung der Ausbildung und der Berufswelt. Es wird aber immer Menschen geben, die unter den Tisch fallen. Es entsprechen nun mal nicht alle diesen Anforderungen. Und trotzdem malen Sie ein Bild, in dem genau das immer mehr auf die Spitze getrieben wird. Ich sehe das fast als eine Schreckensvision.

Antonio Loprieno: Wenn Sie sich die Statistik anschauen, dann gibt es immer mehr, nicht immer weniger Menschen, die akademische Berufe erlernen. Warum? Weil es immer mehr kompetente Menschen gibt? Natürlich nicht. Sondern weil die Universitäten immer einfacher werden. Ich rede von einer sozialen Tatsache. Ich sage nicht, dass wir das wollen. Wir wollen immer exzellenter werden, und um exzellenter zu werden, müssen wir immer grösser werden, und um grösser zu werden, müssen wir immer schlechter werden.

Ich muss Ihnen Folgendes erzählen: Wir haben eine Strategie der Universität geschrieben, die nächste Woche in der Öffentlichkeit präsentiert wird. Eine Fakultät hat geschrieben: Wir wollen eine bessere Fakultät haben, wir müssen mehr Studenten anziehen. Und wir haben das gelesen, und es hat uns eingeleuchtet. Mehr, dann werden wir grösser, so wie Harvard. Eine andere Fakultät aber schrieb: Wir wollen eine bessere Universität haben, deshalb müssen wir den numerus clausus einführen. Irgendwie stimmt das auch. Denn wenn Sie das machen, dann kommen die ganz Intelligenten, und dann sind Sie gut. Aber das sind verschiedene Ansätze. Das, was man weiss, ist immer anders, aber die Distribution von relevantem zu irrelevantem Wissen, das ist eine Konstante.

Isabelle Schubiger: Angenommen, es gehen mehr Akademiker ab und der Status sinkt. Ein Teil meiner Vision war ja auch, dass es immer mehr zum Handwerk geht. Das würde bedeuten, jeder, der nicht an die Uni geht, sondern sich entscheidet, Schreiner zu werden, der wäre dann etwas ganz Besonderes. Es würde eine ganz andere Gewichtung geben. Da kommen wir wahrscheinlich zusammen.

Antonio Loprieno: Das kann durchaus sein. Die Zunft zum Goldenen Sternen war ursprünglich die Zunft der Chirurgen, eine Handwerker-, keine Herrenzunft. Ich weiss ja nicht, ob ein Chefarzt der Chirurgie sich jetzt als Handwerker betrachtet, wohl eher nicht. Aber da hat sich in 400 Jahren in der Wahrnehmung schon etwas verändert. Ich halte es für durchaus möglich, dass in 20 Jahren der Schreiner höher steht als der Professor der Chirurgie.

Dominique Lüdi: Es könnte ja auch sein, dass sich das Angebot an der Uni verändert, dass man an der Uni Schreiner werden kann.

Antonio Loprieno: Das ist sehr klug. Das Angebot ist auch einigermassen eine Folge der Erwartung der Gesellschaft. Ich weiss nicht, ob Sie das in den letzten Jahren verfolgt haben. Da gab es immer diese Proteste über die Reform an der Uni, Bologna-Reform usw. Ich habe immer versucht zu sagen: Wir können solange protestieren, wie wir wollen, aber wir haben gar keine Wahl. Das heisst, man erwartet jetzt von den Universitäten, dass sie nicht etwas nach der Mütze des Professors anbieten, sondern nach den Erwartungen der Gesellschaft. Und wenn es eines Tages so ist, dass man ein PHD braucht, um Schreiner zu werden, dann werden wir natürlich Schreiner anbieten – zumal ja alle obligatorisch an der Universität studieren.

Ursina von Albertini: Wir denken so hierarchisch. Mein Wunsch wäre, dass wir mehr anfangen zu sehen, wer die andere Person ist, und nicht so sehr in unseren Vorurteilen und Bildern und Fixierungen hocken. Ich glaube, das wäre eine grosse Utopie, nicht mehr in dem gebunden zu sein, sondern zu schauen, wer kann dazu beitragen, dass es lebenswerter wird, dass wir es fröhlicher haben, dass man sich mehr stützen kann im Moment, in dem es nötig ist. Alles ist so fixiert. Das ist auch meine Schwierigkeit damit, dass alle an die Uni sollen. Mein Plädoyer wäre, dass mehr Menschen eine Wahl bekommen, das zu tun, was ihnen liegt. Es liegt ganz vielen Menschen nicht, sich in einer abstrakten Form zu schulen, aber sie haben trotzdem wunderbare Qualitäten. Wenn wir die Fixierungen lassen könnten – und dafür braucht es vielleicht so einen Knall wie in der Utopie von Frau Schubiger, damit wir einander offener begegnen –, das wäre für mich etwas Tolles.

Sabine Villabruna: Was mir dabei auch fehlt, ist der Aspekt, dass viele nicht mehr darauf gucken, wo eigentlich ihr Schwerpunkt ist, was sie können oder wohin sie wollen, sondern dass sie Fiktionen nachlaufen. Es gibt nun mal Menschen, die nicht gerne lernen, die müssen auch nicht über Büchern sitzen, die sollen tatsächlich das machen, wozu sie Lust haben. Man sollte in der Schule darauf achten, dass man lernt, zu sehen, wo man wirklich steht und was an Potenzial da ist.

Diese hohe Bewertung des Akademischen, das tut mir eigentlich weh. Ich habe zwar auch diesen Weg gemacht, aber über ein Handwerk. Ich möchte diesen Umweg nicht missen, ich habe das sehr geschätzt. Wenn man Umfragen über die Zufriedenheit liest, dann sind die Handwerker doch häufig weit über dem, was die Akademiker an Zufriedenheit haben. Handwerk hat eine andere Lebensqualität, man sieht, was man hat, was man macht, und man hat durchaus auch berufliche Aufstiegschancen. Diese andere Qualität und diese Aufstiegschancen werden von den Jugendlichen zuwenig erkannt. Dass alle auf den akademischen Weg gehen wollen, halte ich für eine sehr bedauerliche Entwicklung.

Denise Greiner: Ich will das noch ergänzen, wir sind ja jetzt in der Realität gelandet und nicht in der Zukunft ...

Sabine Villabruna: Ja, aber die Vision dabei ist, dass wirklich alle lernen, zu sich zu schauen.

Denise Greiner: Ja, werde der, der du bist. Das ist ein schönes Motto und nicht immer ganz einfach zu verwirklichen. Ich wollte nur noch ergänzen: Die Jugendlichen streben den akademischen Berufen zu, aber auch ihre Eltern. Das ist der treibende Motor, den ich sehr oft erlebe.

Antonio Loprieno: Diese Entwicklung hin zu Massenunis, das ist eine der ganz grossen Fragen, die uns für die Zukunft bewegen. Es gibt zwei Reaktionen darauf. Reaktion A: Es gibt 500 Menschen, die Medienwissenschaft studieren, und wir investieren – das ist wirklich so in Basel – viel in Medienwissenschaft. Die Studenten und Studentinnen wollen ja auch betreut werden.

Andere sagen: Wenn da 500 Studenten sind, dann kann an diesem Fach nichts dran sein, denn ein richtiges Fach, wo man wirklich etwas lernt, kann nicht 500 Leute anziehen. Das sind doch 500, die das nur nebenbei machen, weil sie nichts Gescheiteres machen wollen.

Ägyptologie muss man machen, da gibt es nur drei Studenten, und das ist pure Wissenschaft. Oder Nano-Wissenschaft. Man investiert dort, wo es keine Studenten gibt, weil dort ausgezeichnete Forschung betrieben wird. Beide Theorien sind legitim und beide werden vertreten. Mal gewinnt die eine, mal die andere Seite. Das ist eine Krux für die Zukunft der Universität insgesamt.

Adrian Portmann: Aber die dritte Theorie ist der Pragmatismus.

Antonio Loprieno: Ganz genau. Und deshalb bin ich gegen Utopien, denn in der Utopie wäre da jemand, der eine Vision im Sinne der einen oder der anderen Richtung durchsetzt. Das wäre schrecklich.

Isabelle Schubiger: Ich glaube, schlussendlich sind wir überbildet, und die Notwendigkeit besteht vielleicht darin, dass wir in der Bildung reduzieren müssen, damit wir wieder von den anderen lernen können. Ich brauche nämlich das Gegenüber, wenn ich nicht weiss, wie es geht. Vielleicht ist es das, was ich mit meiner Utopie gesucht habe, dass eine Begegnung darin stattfindet, dass man aus dem Potenzial des anderen lernt und nicht in der Ver-Bücherung.

Adrian Portmann: Ich bin einverstanden, wenn wir sagen können, wir haben zum Teil ein Übermass an Ausbildung und zuwenig an Bildung. Woran es uns mangelt, ist das, was der Bildungsbegriff eigentlich meinen könnte. Da gehört natürlich Menschenbildung in einem umfassenden Sinne dazu, oder auch Herzensbildung. Und das ist etwas, das nicht nur an einer Universität, sondern auch andernorts stattfinden kann.

# Warum Utopie? – Ein Versuch in 21 Arbeitsschritten

Enno Schmidt

1 Science fiction sind Wissenschaftsfiktionen. Von der Wissenschaft meint man, sei die zukünftige Gesellschaft geformt. Mit Wissenschaft ist Naturwissenschaft gemeint. Andere Wissenschaften gibt es auch kaum mehr. Zumindest arbeiten sie alle nach naturwissenschaftlicher Methode.

2 Gesellschaftsutopien waren in der Renaissance modern. Nach dem real existierenden Sozialismus und den 68ern hat man die grossen Modelle satt. Individuelles steht vorne, und dahinter setzen sich Systeme durch. Systemen traut man die Zukunft zu – eigentlich, weil sich dann nichts ändert und nur alles besser wird. Effizienter vor allem. Hoffnung auf kein Risiko. Hoffnung auf kein Risiko für mich ist schnell mal Untergang für andere.

3 U-Topos ist der Nicht-Ort. Utopien sind Wahrnehmungen von Ideen und Vorstellungen, die noch keinen Ort auf der Erde haben. Ihn aber haben sollten. Konkret an ihnen ist, dass sie fehlen, jetzt. Zeitlich liegen sie in der Zukunft. Sie bilden sich um Ideale. Ideale sind etwas, das man als besonders stimmig erlebt. Als ein Zu-sich-Kommen des Ortes, den es aber noch nicht gibt. Obwohl er da ist. Eben als das Fehlende. Wenn sich zu dem einen Ideal noch andere gesellen, kann daraus eine Utopie werden.

4 Utopien sind Luxus, von ihrem Wesen her nicht realisiert. Warum also Utopien?

5 Wäre die Welt so arm, wie sie uns das Geld redet, müssten wir sie einsparen; uneffiziente Gebäude aus menschlichem Geist. Aus diesem Grund müssten wir den Menschen gleich ganz einsparen. Systeme sparen den Menschen ein.

6 Utopie ist ein etwas missbrauchtes Wort für Zukunft, die vom Menschen gewollt wird. Im Gegensatz vielleicht zu einer Zukunft aus systemischer Nachbesserung.

7 Weil Menschen, die Utopien vertreten, sich selbst manchmal mit ihrer Utopie verwechseln, hat das Wort Utopie keinen guten Ruf. Weil Utopien oft viel vorgeben, wovon bei genauerer Betrachtung nicht Eines hält, werden sie als Hobby der Gutmenschen belächelt. Utopien können einem auf die Nerven gehen.

8 Warum der Aufruf zu Utopien? Weil ihr Wortsinn schon beschliesst, dass nichts daraus wird? Brain wellness?

**9** «Nicht müssen, sondern können», sagt der Basler Unternehmer Daniel Häni, sei die Zukunft der Arbeit. Eine Utopie. Die des bedingungslosen Grundeinkommens für alle. Eine Utopie, die jeden in die Lage der Utopiefähigkeit aber auch der Utopienotwendigkeit bringt.

**10** Was, wenn es eine «Methode Mensch» gäbe? Die Utopie darin ein unabdingbares Instrument? Was, wenn Utopie nicht seichter Traum wäre, sondern recht anstrengende Vergegenwärtigung des Stimmens des Lebens, von dem jeder Ton und Teil ist? Eine Vergegenwärtigung aus dem Herzen heraus. Der Weg zum Herzen geht über den Kopf.

**11** Utopie ist ein anderes Wort für die selbstbewusste Art, Zukunft menschlich zu denken, vom Reichtum des Menschen aus zu denken. So vieles, was uns heute selbstverständlich scheint, war dereinst eine Utopie. Utopien traten auf und ruckten – oft mit zeitlicher Verzögerung – die Entwicklung voran. Wissenschaftsfiktionen werden eher von der Entwicklung eingeholt.

**12** Utopien und auch Fiktionen schaffen Räume, in denen sich das Jetzt einen Erlebnisspiegel gibt und Zukunft abbildet. Sie sind wie unstoffliche Gewebe, in denen sich Figuren phantasieren, die schliesslich real werden. Ob nur phantastisch oder extrapoliert, oder ob auch denkend und moralisch gewollt, das macht den Unterschied zwischen Szenario und Utopie. Letzteres ist mit Freude versehen. Es besteht eine Entscheidung in diesen Vorräumen darüber, wie Realität wird.

**13** Zukunft denken wir ohnehin und ständig. Vergangenheit auch. Wir figurieren vor. Wir bemerken es nur nicht als Aktivität. Ob in Szenarien, Ängsten, Systemen oder Utopien. Die Entscheidung für die Methode ist eine Entscheidung für die eintretende Wirklichkeit. Wir machen uns die Gegenwart in dem, wie wir die Zukunft wollen. Keine Rolle spielt, ob das Wollen erklärtermassen geschieht oder stillschweigend und als wäre es gar nicht so gemeint.

**14** Utopie ist ein Deutlichwerden des eigenen Willens bezogen auf etwas Ganzes. Erst wenn der Wille an einer Utopie deutlich wird – nicht nur an einem Plan –, kann man an ihm weiterfeilen.

**15** Utopien sind Anfänge. Häufig produzieren sie Aussteiger. Manchmal solche, die aus der Gesellschaft aussteigen. Viel häufiger solche, die aus aller Utopie aussteigen. Sie erkennen deren Charakter des Anfänglichen, dass Utopien nicht 1 zu 1 umzusetzen sind und lassen sie als Jugendsünde stehen.

**16** Utopien muss man aber immer neu anfangen. Dann werden sie genauer, wahrer. Und schliesslich wird keiner, der in diesem Sinne wirklich mit einer Utopie lebt, sie Utopie nennen. Weil das Wort Utopie auch viele Missklänge bekommen hat. Mal steht es für etwas, das hart am Irrsinn entlangschrammt, mal für einen Egotrip, mal für die Zeit der grossen Planbarkeit.

**17** Utopien sind keine Pläne. Darin besteht ihre Kraft. Sie sind viel realistischer als Pläne. Sie lassen die als richtig angenommene Form zu und treten für sie ein, anstatt sie planmässig zu vergattern. Ein Plan ist immer alt. Das Unutopische an Utopien des 20. Jahrhunderts war ihre Verplanung, zumal die Verplanung anderer, derer, von denen Utopien ausgehen, Menschen nämlich in ihrer Eigentümlichkeit.

**18** Manche steigen ein in eine Utopie, um Macht zu entfalten. Manche steigen aus, weil sie deren Ohnmacht erleben. Nicht-Macht aber ist die Kraft und der Charakter der Utopie. Damit ist sie Teil des freien Menschen. Sozusagen ein Schulungsweg.

**19** Scheitern ist das definierte Ende jeder Utopie. Wer aber Scheitern als Negation des Vorherigen begafft, wer darin nicht ein Agens des Prozesses erlebt, der lebt noch auf der Erde als Scheibe im dunklen Weltenozean, an deren Rand das Nichts gähnt. Tut es aber nicht. Keine Angst. Erstens ist die Erde rund und selbst die auf der anderen Seite fallen nicht runter, und zweitens sind Utopien eine Erweiterung der Erde und gut gegen die Angst, sie würde immer kleiner.

**20** Genau diese Angst ist es gleichzeitig, die vor ernsthaften Utopien abschreckt. Denn die Enge des Jetzt macht die Utopie nicht nur deutlicher, sie ist sogar ihr Ausgangspunkt. Hineingesprungen also in die Angst, die sonst unentdeckt bliebe, bis der Arzt kommt. Oder die Klimakatastrophe, das Artensterben, die Impfpflicht, Weltkrieg Gute gegen Terroristen, Zwangsarbeit und Spendenbescheinigungen.

**21** Wir lassen uns mitnehmen in eine verwertbare Aussichtslosigkeit. Wir tun das nicht gerne. Aber ganz gerne tun wir, was wir nicht gerne tun. Es hat ja auch keiner so gewollt. Was ist die Zukunft, die wir wollen? Eben: blosse Utopie. Wir leben ohnehin in und mit Utopien, nur nicht mit unseren eigenen. Schön, dass Basel danach fragt.

## 21.06.2022

| | | |
|---|---|---|
| 151 | **Für mich ist Basel nicht Ausland** | Gudrun Heute-Bluhm |
| 153 | **Mehr Möglichkeiten ...** | Lea Burger |
| 155 | **Basel erneuert seinen urbanen Geist** | Emanuel Christ |
| 157 | **Utopia ist noch nicht tot!** | Diskussion |
| 162 | **Autorinnen und Autoren** | |
| 165 | **Gäste und GesprächsteilnehmerInnen** | |
| 173 | **Lochkamera-Bilder** | |

Basel wird immer mediterraner werden, und wir werden uns mehr im Freien, am Rhein, bewegen.
*Emanuel Christ*

Wichtig ist mir einfach, dass die Stadt immer in Bewegung ist, dass man sich nie auf etwas ausruht.
*Lea Burger*

# Für mich ist Basel nicht Ausland

Gudrun Heute-Bluhm (50), Oberbürgermeisterin der Stadt Lörrach

Meine immerwährende Neugier hat mich schon kurz nach meiner Wahl in Lörrach über die Grenze geführt. Von Basel wusste ich bis dahin immerhin so viel, dass es sich lohnt über die Grenze zu gehen, aber damit hatte es sich dann auch.

Was ich heute dabei so spannend finde, ist dieses interkulturelle Etwas, also herauszufinden, was wir trotz «leidlich gemeinsamer» Sprache manchmal vergessen, nämlich, dass dahinter unterschiedliche Gedanken und Lebenswelten liegen. Dass manchmal das gemeinsame Deutsch sogar ein Hindernis ist, neugierig genug auf den anderen zu sein. Als Vertreterin der Stadt Lörrach bin ich zutiefst und von Anfang an davon überzeugt gewesen, dass Lörrach nur eine Zukunft gemeinsam mit der Stadt Basel und in der Region Basel hat.

Am 21. Juni 2022 möchte ich im Viertelstundentakt von Lörrach zum Euro-Airport fahren können, durchgehend und im einheitlichen Tarifverbund. Ich möchte ausserdem, dass mein Sohn, der Wissenschaftler ist, sich hier ansiedeln kann, und dass meine Enkel die Chance haben, hier zu wohnen. Meine Enkel tun das, weil die Universität Basel als unsere gemeinsame Universität verstanden wird. Bis dahin habe ich es auch geschafft, in Stuttgart zu vermitteln, dass das wichtig und ein Vorteil für Lörrach ist.

Darüber hinaus möchte ich, dass wir alle zentralen Fragen – dazu gehören viele Bildungsfragen –, in einer gemeinsamen, bis dahin gefestigten Struktur, die wir heute Eurodistrikt nennen, zusammengeschlossen als eine Art Zweckverband, besprechen, entscheiden und dann arbeitsteilig ausführen können. Dass wir also zum Beispiel im Bildungsbereich formulieren – dazu brauchen wir vielleicht noch eine internationale Studie –, dass jede grössere Stadt ein internationales Abitur anbietet, dass wir durchgängige Tagesstrukturen wollen, also Ganztagesbetreuung, Dinge, die dann aber jeder Partner für sich umsetzt. Es geht also nicht darum, eine Bürokratie aufzubauen, sondern um Zielsetzungen, für die wir uns alle gemeinsam verpflichten. Das wären fürs Erste drei Aspekte, die ich herausgreifen möchte, und die natürlich durch die Perspektive der politischen Verantwortung geprägt sind.

Bis dahin sollte sich auch für viele Menschen das eigene Selbstverständnis und das Identitätsbewusstsein gewandelt haben. Das meine ich, wenn ich von gemeinsamen Entscheidungsprozessen spreche. Ich selber, die ich ja von aussen in die Region gekommen bin, also auch nicht diese gesamte lokale Geschichte im Rucksack habe, empfinde die Grenzen heute viel weniger als alle, die hier aufgewachsen sind. Ich höre hier, bei allem Wohlwollen und aller Aufbruchstimmung, doch in allen Sitzungen und Gremien immer noch das Thema Deutschland-

Ausland, auch als Gast aus dem Ausland. Ich selber empfinde das nicht so. Für mich ist Basel nicht Ausland. Das möchte ich auch in Lörrach vermitteln. Bei nicht in Lörrach Geborenen ist das einfacher, als bei denen, die hier schon als Kinder Grenzerfahrung hatten. Ich selber bin an der holländischen Grenze aufgewachsen, und für mich war Über-die-Grenze-Gehen immer etwas Normales und nichts Ausschliessendes.

# Mehr Möglichkeiten, Eigeninitiative zu zeigen

Lea Burger (20), Rudolf-Steiner-Schülerin, Maturandin am Gymnasium Leonhard, Mitherausgeberin der Zeitschrift «Belletriste»

Ich bin in Basel geboren, habe die ersten 3 Jahre in Deutschland gelebt und bin dann wieder hierher in die Region zurückgekommen. Die Schule habe ich in der Umgebung besucht. Mittlerweile wohne ich auch in Basel und mache gerade die Matur.

Für mich ist es schon sehr speziell, eine Zukunftsvision zu entwickeln, weil ich in einer ganz anderen Lebensphase bin als alle, die sonst hier an diesem Tisch sassen. Bei mir wird sich in den nächsten 15 Jahren noch sehr viel verändern, und ich habe noch kein so festes Bild. Obwohl ich sehr gern organisiere und plane.

Aber angenommen, ich wache am 21. Juni 2022 in dieser Stadt auf, dann wünsche ich mir, dass ich rausgehen kann, dass ich mit dem Velo vom Kleinbasel ins Grossbasel fahre und zu einem neuen Stadtcasino komme – das vielleicht von einer Japanerin sein wird oder von einer Schweizerin, wenn halt nicht von einer Ägypterin –, dass ich dort meinen Kaffee trinken kann und dass ich auf meinem Weg einer Stadt begegne, die sehr vielseitig ist. Diese Vielseitigkeit hat Basel heute schon, aber ich wünsche mir, dass wir davon noch mehr bekommen und dass es auch noch mehr Berührungspunkte zwischen den verschiedenen Kulturen gibt. Ich wohne seit einem Jahr im Kleinbasel und habe immer noch das Gefühl, ich sei in Klein-Istanbul. Ich finde das zwar sehr schön, aber es sollte noch mehr an Verschmelzung stattfinden.

Ich wünsche mir auch, wenn ich dann vielleicht eine Tochter oder einen Sohn habe, dass die in eine Schule kommen, die ein bisschen spannender ist als die, die ich gerade erlebe. Ich bin zwölf Jahre in die Steiner-Schule gegangen und bin jetzt am Gymnasium und ein bisschen erschrocken, wie das hier abläuft.

Wichtig ist mir einfach, dass die Stadt immer in Bewegung ist, dass man sich nie auf etwas ausruht, von dem man denkt, das ist gut gewesen vor 15 Jahren, deshalb machen wir es jetzt auch noch so. Ich wünsche mir, dass man in Bewegung bleibt bei Grenzübergang und Nicht-Grenzübergang, dass man nicht, weil man schon zehn Jahre lang Basler Wasser trinkt, nur noch Basler Wasser trinkt, sondern vielleicht auch mal Wasser aus Arlesheim, von der Quelle. Dass man auch in seinem Alltag bei sich selber anfängt, zu schauen, dass man nicht immer die gleichen Sachen macht, dass man offen bleibt anderem gegenüber, vor allem anderen Kulturen gegenüber, weil das, glaube ich, immer mehr ein Thema sein wird. Ich fände es schön, wenn es einzelne Orte in den Quartieren gäbe, wo besonders auf Begegnung geachtet wird.

An Basel gefällt mir auch, dass es Quartiere gibt, wo man sagt, da wohnen die und da wohnen jene, denn dann kann man zwischen den verschiedenen Umgebungen switchen. Andererseits schafft das aber auch Grenzen. Das Bruderholz ist das Bruderholz; wenn ich

Bruderholz sage, haben alle Assoziationen, die wahrscheinlich ähnlich sein werden, und wenn ich Kleinbasel oder Kleinhüningen sage, haben wieder alle ähnliche Assoziationen. Es ist gut, dass man noch verschiedene Qualitäten in verschiedenen Quartieren hat, aber es muss auch eine Durchmischung dieser verschiedenen Kulturen geben.

Ganz konkret sollte es noch mehr Cafés geben, wo noch mehr Begegnung stattfinden kann, und noch mehr Projekte. Allerdings stosse ich oft an meine Grenzen, weil ich noch nicht soviel Erfahrung habe. Bei so einem Projekt wie zum Beispiel der Zeitung, die wir gerade machen, wünsche ich mir deshalb, dass es einfacher wird, so etwas umzusetzen, dass man mehr Möglichkeiten hat, Eigeninitiative zu zeigen. Es ist so schwer, eine Idee durchzusetzen. Es wird immer so eine X-Bürokratie aus allem gemacht. Und dann hat man auch gar keine Lust, sich mit etwas auseinanderzusetzen. Ich möchte ja auch mehr Initiative, aber es wird einem so schwer gemacht. Auch in der Schule. Man ist so eingesperrt.

# Basel erneuert seinen urbanen Geist

Emanuel Christ (36), Architekt, Städteplaner, Co-Autor der Vision Metrobasel 2020

In erster Linie ist Basel meine Heimatstadt. Ich bin hier sehr, vielleicht zu sehr zu Hause, aber das hat mich nicht daran gehindert, nachdem ich an anderen Orten gewohnt und gearbeitet habe, mich hier als Architekt niederzulassen und im Rahmen des ETH-Instituts Studio Basel auch besonders mit der Stadtentwicklung von Basel auseinanderzusetzen. «Metrobasel» ist ein Versuch, viele Menschen zusammenzubringen, die sich Gedanken über die Entwicklung dieser Region machen. Das ist also ein ganz konkreter Punkt, an dem es in meiner Tätigkeit einen beruflichen, inhaltlichen und gesellschaftlichen Bezug zur Zukunft dieser Region gibt.

Bei Fragen nach meiner persönlichen Zukunft in Basel gibt es zunächst zwei Möglichkeiten: Die eine ist die, dass ich gar nicht mehr in Basel wohne und arbeite. Das ist durchaus denkbar, aber ich hoffe, dass das nicht so sein wird. Ich gehe eher davon aus, dass ich noch hier bin. Ich stelle mir etwa vor, dass ich in 15 Jahren vielleicht mit meiner Familie auf dem Bruderholz wohne, auf einem Bruderholz, das immer noch das ist, was es heute ist, und dann erschrecke ich ein wenig über mich selber. Doch Spass beiseite.

Etwas, das ich als Vision oder als Hoffnung oder vielleicht sogar als Ziel formulieren möchte, ist: Basel wird urbaner oder erneuert seinen urbanen Geist. Ich glaube an eine urbane Gesellschaft und halte das für das grösste Potenzial, das wir heute auf politischer Ebene, aber auch persönlich und kulturell zur Verfügung haben. Das heisst für mich ganz konkret, dass in dieser Vision in 15 Jahren mehr Menschen in dieser Region leben als heute. Das müsste so sein und es würde mir gefallen, wenn es so ist. Es gibt mehr kleine Kinder, aber auch mehr Menschen, die von aussen kommen, die nicht hier aufgewachsen sind.

In meiner Vorstellung führt das dazu, dass ich mich nicht unbedingt täglich ganz anders durch die Stadt bewege, aber dass es automatisch mehr Berührungspunkte gibt. Ich denke da an Stichworte wie Mobilität und Grenzen. Ich glaube, dass da eine Veränderung paradoxerweise gar nicht zuerst im Kopf passiert, sondern dass alles selbstverständlicher zu werden beginnt, allein schon deshalb, weil in 15 Jahren die Möglichkeiten da sind, sich räumlich einfacher zu bewegen. Ich träume von einer perfekt funktionierenden S-Bahn. Sie wird unseren Alltag viel urbaner machen. Dafür muss ich nicht einmal meinen eigenen Lebensstil ändern. Ich muss nicht marokkanisch kochen, ich muss auch nicht selber «multikulti» sein. Und trotzdem werde ich in Zukunft noch viel mehr mit anderen Kulturen zusammenkommen. Denn genau das ist Urbanität: Unterschiedliche Menschen begegnen sich an einem Ort – in der Stadt eben – und sie tauschen sich aus, ohne dass sie ihre eigene Identität aufgeben.

Wenn alles so kommt, wie in dieser Vision, dann verändert sich auch das Stadtbild, und es wohnen mehr Menschen an Orten, die wir zwar schon heute attraktiv finden, aber die bis jetzt nicht attraktiv genug sind, um erschlossen zu werden. In den Gebieten am Rhein zum Beispiel. Das ist natürlich etwas, was wir Städteplaner schon lange und immer wieder repetieren, und trotzdem glaube ich immer noch daran. Wenn ich das Geld zur Verfügung hätte, um ein Grundstück zu kaufen und zu bebauen, dann würde ich das an einem Ort machen, an dem jetzt noch niemand ist, aus der Zuversicht heraus, dass man in 15 Jahren dort nicht mehr ganz so allein ist. Zum Beispiel oben im Norden des Stadtgebiets auf der französischen Seite.

Ich glaube auch an den Klimawandel. Basel wird immer mediterraner werden, und wir werden uns mehr im Freien, am Rhein, bewegen. Da findet dann zwangsläufig ein grösserer Austausch statt. Das heisst auch, die urbane Gesellschaft nimmt diesen Raum anders in Besitz.

# Utopia ist noch nicht tot!
*Diskussion*

**Adrian Portmann:** An acht Abenden haben wir bisher über Visionen und Utopien für die Region Basel gesprochen – und auch heute wieder drei Visionen gehört. Wir haben Fantasien entwickelt, debattiert und den Möglichkeitssinn ins Zentrum gestellt.

Die Frage, die wir an diesem neunten und letzten Abend thematisieren möchten, ist: Welche Bedeutung haben solche Visionen, solche Utopien? Welche Bedeutung haben sie für unseren Alltag, für unser eigenes Leben, für politische Prozesse, für die Realpolitik? Sind Utopien notwendig, brauchen wir sie, verdursten wir ohne Utopien, oder sind sie etwas Unheilvolles, etwas, das auch lähmen kann, wenn sie zu grossartig sind?

**Lea Burger:** Ich habe gerade in den letzten Monaten und Jahren gemerkt, dass, wenn man sich etwas wünscht, dies irgendwann auch geschieht. Ich wollte unbedingt einmal in einer bestimmten Wohnung an der Oetlingerstrasse wohnen, und jetzt wohne ich genau dort. Es gibt ein paar Beispiele, die ich so erlebt habe. Darum glaube ich, wenn man etwas denkt und das, etwas esoterisch gesagt, ans Universum schickt, dass das etwas in Bewegung setzen kann.

Was nun diese Runde betrifft, so ist mir aufgefallen, dass, obwohl es ganz verschiedene Menschen waren, die Visionen und Utopien vorgestellt haben, es sich doch immer um ähnliche Themen gedreht hat. So kam zum Beispiel immer wieder das Thema Grundeinkommen, oder die Vision, dass sich etwas in der Bildung ändern muss. Das zeigt mir, dass ein Wunsch nach Veränderung da ist. Eine Veränderung braucht aber Zeit, braucht auch einen Anlauf. Dass man sich Gedanken über diesen Wunsch macht, damit wird ein Anfang gesetzt und schlussendlich auch der Stein ins Rollen gebracht.

Darum glaube ich auch, dass es sehr wichtig ist, dass es Utopien gibt, und wenn ich mein Handy anschalte, dann steht da auf dem Display: Utopia ist noch nicht tot!

**Adrian Portmann:** Das ist sehr schön! Wünschen hilft also, auf welchen Wegen auch immer. Ob auf esoterischen Wegen oder einfach durch die Tatsache, dass man diese Vorstellungen für sich entwickelt. Schon dadurch wird also etwas ausgelöst, das wichtig ist.

**Peter-Jakob Kelting:** Frau Heute-Bluhm, sind Visionen als erste Stufe, und als zweite Stufe Utopien, etwas, das, wenn man es auf konkrete politische Verfahren herunterbuchstabiert, ein Klotz am Bein ist, etwas, das manchmal auch hindert oder was man einfach gut in Parteiprogramme reinschreiben kann? Oder können sie auch beflügeln?

**Gudrun Heute-Bluhm:** Mich treibt die Vision an. Ich brauche das auch. Utopien brauche ich nicht, weil ich so viele Visionen habe, dass ich genug zu tun habe, mich daran abzuarbeiten.

Ich brauche also mit anderen Worten die Realitätsnähe, wenn auch nicht unbedingt als leicht erreichbares Ziel.

Auf meinem Schreibtisch steht ein Spruch, bemerkenswerterweise von de Gaulle: «Wer ein Ziel vor Augen hat, der kann sich auch Umwege erlauben.» Das Ziel muss nicht immer ganz konkret sein, es kann auch sehr spontan formuliert sein. Ich empfinde das als ein Kreativitätspotenzial, das mich auch in der Politik hält, in der Kommunalpolitik besonders, denn da geht das. Da kann man sagen, ich möchte das erreichen und ist dann selber auch dafür verantwortlich. Mich treibt das an, mich inspiriert das ungeheuer.

Für einen Politiker würde ich dagegen Utopien auch deswegen für gefährlich halten, weil man sich dann zurücklehnen kann, obwohl man ja eigentlich handeln sollte. Wenn man als Politiker zu sehr das Thema Utopie hätte, würde man vielleicht das Handeln vergessen. Was ich soeben formuliert habe, ist eine Zielsetzung, ein vorgestelltes Ziel. Vision als etwas, von dem ich sehen kann, wie es passiert oder wie es dann ist, auch wenn ich den Weg dahin noch nicht sehe.

Peter-Jakob Kelting: Sie sind die Erste, die diesen Unterschied zwischen Vision und Utopie gemacht hat. Das eine ist eine Bewegung, das andere ein Endzustand. Eine interessante Unterscheidung, die wir in dieser Deutlichkeit in dieser Runde noch nicht gehört haben.

Adrian Portmann: Wenn wir Visionen haben, die etwas weitergehen, als gerade die nächste Woche, oder sogar Utopien, dann kann das zwar anspornen und beflügeln, es kann aber auch sein, besonders wenn es wirklich grandiose Visionen sind, dass die Brötchen, die wir dann am Schluss gebacken kriegen, verglichen mit den Visionen so klein sind, dass dann ein Gefühl von Enttäuschung um sich greift. Oder dass es von anderen, die diese Visionen geteilt haben, als Verrat ausgelegt wird, wenn man sich in den Niederungen der Umsetzung mit den kleinen machbaren Schritten zufrieden gibt. Wie kann man mit dieser Spannung umgehen?

Peter-Jakob Kelting: Ich würde diese Frage gerne an Frau Heute-Bluhm richten. Gibt es eine Vision, an die Sie geglaubt haben, die im politischen Prozess so gehäckselt worden ist, dass das, was dabei herausgekommen ist, Sie nicht mehr zufriedengestellt hat?

Gudrun Heute-Bluhm: Mir fällt im Moment kein Beispiel ein, aber wenn, würde ich es wohl aufgeben. Wenn es mir zu klein würde, was da herauskommt, würde ich sagen, dann eben nicht. Eher kann ich umkehren. Aber ich habe einen langen Atem, um etwas zu erreichen, was ich für wirklich wichtig halte.

Lea Burger: Also wenn für mich eine Vision zu klein herauskommt, die für mich aber sehr von Bedeutung ist, dann bin ich ehrgeizig genug und pack das nochmal an und hoffe, dass die Hefe mehr aufgeht.

Emanuel Christ: Für mich ist die Inflation des Visionären das tägliche Brot. Das meine ich nicht aufgeblasen, sondern eher desillusioniert. Mangels echter Visionen wird jede bessere Idee oder jedes kommerzielle Projekt zur Vision erklärt. Ein Architekt zum Beispiel hat die Aufgabe, auch banalste Visionen zu produzieren und ist dann damit konfrontiert, dass nicht mal die realisiert werden.

Damit echte Visionen entstehen, braucht es vielleicht so etwas wie ein übergeordnetes Ziel, vielleicht braucht es hier die Utopie als gedankliche Gegenwelt, die mir das Rohmaterial liefert, um Visionen zu entwickeln.

Peter-Jakob Kelting: Nun ist diese Frage ja gerade in der Architektur besonders interessant, weil Architekturgeschichte in den vergangenen 600 Jahren das Feld ist, in dem gesellschaftliche Visionen oder Utopien zu Stein geworden sind. Wie gehen Sie als Architekt mit dieser Traditionslinie um?

Emanuel Christ: Ich glaube, dass heute solche Visionen in der Architektur und im Städtebau kaum festzustellen sind, vielleicht auch, weil wir genug konkrete Herausforderungen haben, und weil ein Kulturwandel statttgefunden hat. Es gibt sehr wohl visionäre oder auch manifestartige Projekte, die radikal sind, die auch ein Spiegel der Zeit sind, aber die meisten visionären Projekte sind heute doch vorwiegend Überhöhungen der kommerzialisierten Welt. Das ist es, was zur Zeit im Städtebau und in der Architektur auf dem ganzen Globus entsteht: Die Visionen monumentalisieren den Kommerz. Das Umsetzen von eher künstlerischen oder auch philosophischen Visionen im dreidimensionalen Raum, das existiert im Moment kaum.

Peter-Jakob Kelting: Wird das als Ernüchterung oder als Realitätstüchtigkeit empfunden?

Emanuel Christ: Vor allem beschäftigt uns jüngere Architekten zur Zeit, dass unsere Arbeit vergleichsweise irrelevant ist. Vor 30 Jahren haben Architekten noch stärker bestimmt, wie sich Städte entwickeln und auch direkter Einfluss auf Gesellschafts- und Geschäftsmodelle genommen, zumindest im traditionellen Sinne. Heute sind es vor allem globale Faktoren wie der liberale Markt, Ressourcenfragen, Fragen der Migration, ökologische Aspekte, die bestimmen, wie sich die Städte auf dieser Welt entwickeln. Das hat in kurzer Zeit Dimensionen angenommen, denen wir mit unseren herkömmlichen Instrumenten (und Visionen) nicht mehr gewachsen sind.

Peter-Jakob Kelting: Ist die Gegenwart der Reparaturbetrieb der Zukunft? Normalerweise hat man von der Zukunft eine positive Vision, aber im Moment sind alle damit beschäftigt, zu verhindern, dass das eintritt, was jetzt produziert wird.

**Emanuel Christ:** Ja, ich denke zumindest zu einem grossen Teil. Übrigens ist das Visionäre ja nicht nur etwas Positives. Gerade deshalb braucht es die Vision. Ich muss mir etwas wünschen, ich muss eine Verbesserung, sei es individuell oder für die Gesellschaft, anstreben. Ich muss auch bereit sein, etwas verhindern zu wollen. Das ist zwar weniger inspirierend, aber unter Umständen mindestens so wichtig.

Wir sind ja alle hier, weil uns gewisse Dinge am Herzen liegen. Und mir liegt Basel, und damit meine ich die ganze Region, am Herzen. Und ich engagiere mich dafür, weil ich eben glaube, dass die Stadt Potenzial hat und dass es eine Stadt ist, die sich verändern kann und auch immer wieder verändert hat. Und das Faszinierende an jeder Stadt ist, dass man sie nicht nur in Gedanken, sondern eben auch konkret baut, selbst die anarchischen Experimente sind immer wieder an den physischen Raum gebunden. Die Stadt ist die physische Plattform für Utopien.

# Autorinnen und Autoren

**Birgit Kempker** lebt in Basel, unterrichtet dort und anderswo im Bereich: Wort Bild Ton. Texte für die Kunst. Texte in der Kunst. Prosa. Essay. Nachersetzungen. Hörspiel. Theater. Installation. Performance. Songs. Sounds. Collaborationen und «Sphinx». Für instant city, ein elektronischer musik bau spiel automat, komponierte sie ein kleines Stück «Stöckchen für Stöckchen» 2003 und im Juli/August 2004 führte sie mit den Musikern KochSchützStuder das Stück «Mamawarten» in der Garedunord, Basel, auf. Zuletzt sind von ihr erschienen: bei Urs Engeler: Scham/shame, eine Collaboration amerikanisch/deutsch mit Robert Kelly, Verlag Urs Engeler 2004, und dort erscheint im Herbst 2007: «Peter Pan». Eine Nachersetzung aus dem Englischen. «Meine armen Lieblinge. Altes Ego adieu», ist 2003 im Droschl Verlag erschienen. Die letzten Hörstücke waren: «Can I change your live please» 2005, Radio DRS2, und: «Papa, short version», ORF Kunstradio 2005.

**Guy Krneta** wurde 1964 in Bern geboren. Nach Studien der Theaterwissenschaft in Wien und der Medizin in Bern ging er 1986 ans Theater, wurde Regieassistent am Stadttheater Bern und am Theater Basel, war Co-Leiter des Theaterfestivals «auawirleben» in Bern sowie Dramaturg an der Württembergischen Landesbühne Esslingen und am Staatstheater Braunschweig. Nach seiner Rückkehr in die Schweiz arbeitete er als Co-Leiter des Theaters Tuchlaube und als Dramaturg beim Theater Marie in Aarau.

Guy Krnetas Theaterstücke und Prosatexte wurden mehrfach ausgezeichnet, u.a. 2003 mit dem Welti-Preis der Schweizerischen Schillerstiftung. Er ist Mitglied der Spoken-Word-Formation «Bern ist überall». Als Vorstandsmitglied des Verbandes Autorinnen und Autoren der Schweiz (AdS) initiierte er das Schweizerische Literaturinstitut in Biel, die nationale Ausbildungsstätte für Schriftstellerinnen und Schriftsteller.

Wichtige Veröffentlichungen sind: «Zmittst im Gjätt uss / Mitten im Nirgendwo» (2003), «Ursle / Furnier» (2004), «Im Kairo» (zusammen mit «Bern ist überall», 2006), «Das Leben ist viel zu kurz, um offene Weine zu trinken» (Hörbuch, 2006).

Guy Krneta lebt seit einigen Jahren als freier Schriftsteller in Basel, ist verheiratet und hat drei Kinder.

**Michel Mettler**, geboren 1966 in Aarau, lebt als freier Autor und Dramaturg in Brugg. Seit 2003 ist er mit der Gruppe «Vier Maultrommeln» lesend und musizierend unterwegs. 2006 erschien sein Roman «Die Spange» im Suhrkamp Verlag. Dafür erhielt er den Förderpreis der Schweizerischen Schillerstiftung. Diesen Herbst soll «Der geschenkte Berg», ein Text-Photobuch, im Schwabe Verlag erscheinen. Die erste CD der Vier Maultrommeln heisst «Singende Eisen, Spangen und Gleise». Sie erscheint im Herbst 2007 im Verlag Urs Engeler Editor.

**Annemarie Pieper,** geb. 1941 in Düsseldorf, studierte 1960–1967 Philosophie, Anglistik und Germanistik (Promotion 1967, Habilitation 1972) und war 1972–1981 Dozentin bzw. Professorin für Philosophie in München und von 1981 bis 2001 ordentliche Professorin für Philosophie in Basel. Sie lebt in der Nähe von Basel. Zu den thematischen Schwerpunkten ihrer philosophischen Arbeit (Philosophische Ethik, Deutscher Idealismus, Existenzphilosophie und französischer Existenzialismus) hat sie eine ganze Anzahl vielbeachteter Publikationen vorgelegt, Bücher z. B. zu Kierkegaard, Nietzsche und Camus. Bei Schwabe ist sie Mitautorin des Historischen Wörterbuchs der Philosophie. 2006 erschien bei Schwabe ihr erster Roman, Die Klugscheisser GmbH.

**Adrian Portmann,** 1965 in Basel geboren, studierte Theologie in Basel und Berlin und promovierte mit einer Arbeit über Essen und Religion. Er arbeitet als Studienleiter im Forum für Zeitfragen Basel und forscht im Rahmen eines Nationalfonds-Projekts über den Umgang mit religiöser Pluralität.

Verschiedene Buchpublikationen und Aufsätze, unter anderem zu Essen und Religion und zum Zusammenhang von Religion und Politik. Er schreibt für die ProgrammZeitung die Kolumne «Verbarium» und lebt mit Frau und Sohn in Basel.

**Enno Schmidt,** geboren 1958 in Osnabrück, lebt in Frankfurt am Main. Er studierte dort Malerei an der Städelschule, Hochschule für Bildende Künste. Ausstellungen im In- und Ausland, Frankfurter Kunstpreis.

In den 90er-Jahren ging Enno Schmidt der Frage nach, was Kunst in Unternehmen ist. Mit anderen gründete er das Unternehmen Wirtschaft und Kunst – erweitert, gemeinnützige GmbH. Er war geschäftsführender Gesellschafter dieses Unternehmens, beteiligt an der Aktion Baumkreuz und führte in verschiedenen Formen Unternehmensbetrachtungen durch.

2006 begründeten er und Daniel Häni in Basel die Initiative Grundeinkommen mit Sitz im Unternehmen Mitte.

Enno Schmidt ist Mitglied der Social Sculpture Research Unit an der Oxford Brookes University, Lehrbeauftragter am Interfakultativen Institut für Entrepreneurship an der Uni Karlsruhe, Autor verschiedener Zeitschriften und Redakteur für Neue Medien im Kulturportal der Stadt Frankfurt.

**Alexandra Stäheli,** 1969 in Basel geboren, hat in Basel und Berlin Germanistik und Philosophie studiert und mit einer Arbeit über die inneren Strukturen des postmodernen Denkens promoviert. Sie ist Dozentin für Bildsemiotik an der Hochschule für Gestaltung und Kunst in Zürich und arbeitet als Filmkritikerin im Feuilleton der Neuen Zürcher Zeitung. Publikationen unter anderem zu den Themen Krieg und Kino, Phänomenologie des filmischen Bildes, das Erhabene sowie auch zu Strömungen in der zeitgenössischen Lyrik.

**Alain Claude Sulzer,** 1953 in Riehen geboren, lebt in Basel und im Elsass. Zuletzt erschienen die Romane «Ein perfekter Kellner» (2004), «Privatstunden» (2007).

**Martin Zingg,** geboren 1951 in Lausannne, studierte Germanistik, Neuere Geschichte und Politische Philosophie in Basel. 1976–2000 war er Lehrer für Deutsch und Geschichte am Gymnasium Bäumlihof. Seit 2000 ist er als freier Publizist tätig. Gemeinsam mit Rudolf Bussmann war er während 25 Jahren Herausgeber der Literaturzeitschrift «Drehpunkt».

Verschiedene Veröffentlichungen, darunter: Geschichten aus der Geschichte der Deutschschweiz nach 1945. Anthologie (mit Rolf Niederhauser) 1983/1991. – Mundwerk. Gedichte 1986. – Sieben Briefe an den lieben Herrn Brehm. Prosa 1990. – Der Saaldiener will uns seit sieben Stunden vertreiben. Prosa 1994. – Folgendes: Otto F. Walter über die Kunst, die Mühe und das Vergnügen, Bücher zu machen. 1998. – Hg.: Martin Walser, Woher diese Schönheit. Über Kunst, über Künstler, über Bilder. 2004. – Hg.: Martin Walser, Winterblume. Über Bücher von 1951–2005. 2007.

---

Die Lebensläufe der AutorInnen und Gäste sind Selbstdeklarationen, z. T. redigiert und gekürzt.

# Gesprächsreihe «Basel ist morgen»

Geladene Gäste, Moderatoren und GesprächsteilnehmerInnen

Cihan Altay, 1959 in der Türkei geboren, wuchs mit sieben Geschwistern in einer Bauernfamilie auf. 1972 ging sein Vater nach Deutschland, die Familie blieb in der Türkei. Mit 15 Jahren wurde Cihan Altay gegen seinen Willen verheiratet. Er begann, sich politisch zu engagieren, musste deshalb die Schule abbrechen und schliesslich im Untergrund leben. 1983 emmigrierte er in die Schweiz und erhielt Asyl.

Neben Jobs als Tellerwäscher, Küchenhelfer, Stapler- und Lastwagenfahrer war er für Amnesty International, das Asylkomitee Basel-Land und die Asyl-Koordination Schweiz tätig. 1991 begann er eine berufsbegleitende Ausbildung zum Sozialpädagogen in einem Behindertenheim, in dem er 6 Jahre arbeitete. Es folgten anderthalb Jahre in der Arbeitserziehungsanstalt Arxhof und ab 1999 die Arbeit in einer Kriseninterventionsstelle für drogenabhängige Frauen und Männer. Ab 2001 bildete er sich berufsbegleitend zum Berufsberater weiter. Heute arbeitet Cihan Altay als Berufsberater beim Berufsinformationszentrum Basel-Stadt BIZ.

Martin Batzer ist seit April 2001 Head Pharma Affairs der Novartis Pharma AG. Bevor er auf diese Stelle berufen wurde, war er CEO der Novartis Pharma Schweiz AG in Bern und davor CEO der Sandoz-Wander Pharma AG.

Seine berufliche Laufbahn begann er 1984 bei Sandoz LTD. Dort nahm er verschiedene Stellen mit steigender Verantwortung ein, bevor er 1995 zum Leiter Country Operations von Sandoz Pharma ernannt wurde.

Martin Batzer schloss das Studium der Rechtswissenschaften 1978 ab. Danach arbeitete er am Bezirksgericht Zürich, später für ein Anwaltsbüro. 1984 bekam er von der Universität Basel den Grad eines Dr. jur. verliehen.

Martin Batzer ist 1953 geboren, ist verheiratet und hat eine Tochter.

Lea Burger, 1987 in Basel geboren, lebte nach dem Auf-die-Welt-Fallen mit ihrer Mutter 3 Jahre bei einem Förster im Schwarzwald, bei Zwerg und Elb. Sie besuchte ab 1994 die Rudolf-Steiner-Schule und von 2003 bis 2006 die Oberstufenschule Baselland (FOS). Dort nahm sie am Veloprojekt3 teil und fuhr mit ihrer Klasse auf selbstgebauten Liegefahrrädern von Basel nach Kroatien. 2006 trat sie ins Gymnasium Leonhard ein, das sie 2007 mit der Matur abschloss. Daneben arbeitete sie in Theaterprojekten mit. Sie ist Mitbegründerin von «belletriste», einem Magazin für junge Kunst und Literatur in Basel.

Barbara Buser, geboren 1954, ist dipl. Architektin, Fährifrau auf der Münsterfähre und Initiantin, Mitbegründerin und Mitbeteiligte verschiedener Vereine, Genossenschaften und Unternehmen, u.a. der Bauteilbörse, des Unternehmen Mitte, des Gundeldingerfelds und des Walzwerks.

Nach dem Studium an der ETH Zürich und Nachdiplomstudien u.a. in England, arbeitete sie dreieinhalb Jahre für das HEKS im Südsudan und sechs Jahre für die DEZA in Tanzania. Sie wohnt im Gundeli und ist Mutter einer Tochter.

**Emanuel Christ**, 1970 in Basel geboren, studierte von 1991 bis 1998 Architektur an der ETH Zürich, der EFP Lausanne und der HdK Berlin. Von 2000 bis 2005 war er am ETH-Studio Basel tätig. Zudem war er Gastdozent an der HGK Basel (2002–2003), an der Robert Gordon University in Aberdeen (2005) und am Design Studio der Academia di Architettura Mendrisio (2005). Er ist Mitinhaber des Architekturbüros Christ & Gantenbein in Basel.

**Conradin Cramer**, geboren 1979, besuchte das Gymnasium Bäumlihof in Basel und studierte Jurisprudenz in Basel und Freiburg i.Br. Nach juristischen Praktika in Basel und Zürich absolvierte er 2006 das Advokaturexamen in Basel und wurde zum Dr. iur. promoviert. Heute arbeitet er als Advokat in einer Basler Kanzlei. Er gehört dem Einwohnerrat Riehen und dem Grossen Rat von Basel-Stadt an und ist Nationalratskandidat der LDP.

**Martin Dürr** ist ab 1959 in Riehen aufgewachsen. Er ist als regelmässiger TV- und Radioprediger und als Kolumnist bekannt. Nach dem Theologie-Studium arbeitete er als Seelsorger mit Behinderten und Gefangenen. Seit 1991 ist er Teilzeit-Pfarrer an der Johanneskirche in Basel mit den Schwerpunkten Jugendarbeit und Unterricht. Seine Lieblingsstadt neben Basel ist London. Seine besten Gedanken und Geschichten sind erschienen im Buch «Über das neue Stadion, das Unser Vater und einige andere wesentliche Dinge».

**Felix Erbacher**, geboren 1947, wuchs in Arlesheim auf. Nach der Handelsmatur 1967 in Basel studierte er Betriebs- und Volkswirtschaft an der Uni Basel. Es folgten Auslandsaufenthalte in Kanada, den USA und Panama.

Seit 1974 ist er Wirtschaftsredaktor, erst bei den «Basler Nachrichten», dann bei der «Basler Zeitung». Seit 1986 leitet er deren Wirtschaftsredaktion.

Er hat zwei erwachsene Kinder.

**Christian Felber** wurde 1952 in Aarau geboren. Er studierte an der Universität Bern Jurisprudenz und schloss 1979 mit dem Fürsprecher ab. Anschliessend arbeitete er während acht Jahren im Stahlkonzern Von Roll in Gerlafingen. Danach leitete er fünf Jahre die Immobilienabteilung der Helvetia Versicherungen in Basel. Seit 1994 wirkt er als Direktor der Christoph-Merian-Stiftung. Seine Hobbys sind Fechten und Fagott, in der Literatur hat er eine Vorliebe für Samuel Pepys, den englischen Diaristen.

Denise Greiner, 1960 in Basel geboren, studierte Germanistik und Anglistik in Basel. Nach einem Studienaufenthalt in London begann sie ihre Tätigkeit als Gymnasiallehrerin für Deutsch und Englisch am Gymnasium Leonhard. Daneben arbeitet sie als Regisseurin und Schauspielerin im Laien- und Schultheater. Sie wohnt mit ihrem Mann im Kleinbasel.

Christian J. Haefliger, 1940 in Wien geboren, ist Bürger von Seeberg (BE). Dem Besuch der Rudolf-Steiner-Schule Basel folgten 1958 ein heilpädagogisches Praktikum in England, der Lehrabschluss als Bauzeichner, das Studium der Kunstgeschichte bei Georg Schmidt und Tätigkeiten als Werkbund-Architekt (SWB) in Basel und Zürich.

Christian J. Haefliger übte zahlreiche öffentliche Funktionen aus: Von 1970 bis 2003 bei der Regio Basiliensis, ab 1992 deren Geschäftsführer. Von 1980 bis 1992 Mitglied des Grossen Rates des Kantons Basel-Stadt. Ab 1985 Präsident der grossrätlichen Gesamtverkehrskommission. 1983–1987 Präsident der IG Öffentlicher Verkehr (IGÖV) Nordwestschweiz. 1980–1997 Verwaltungsrat Basler Verkehrs-Betriebe (BVB). 1988–2006 Verwaltungsrat Theater Basel. 1993–2006 Stiftungsrat Europainstitut Basel, seit 2004 Präsident Förderverein Europainstitut. 1995–2004 Mitglied im Präsidium und seither im Beirat der Arbeitsgemeinschaft Europäischer Grenzregionen (AGEG). 2002–2005 Mitglied des Verfassungsrats Basel-Stadt.

Gudrun Heute-Bluhm, 1957 in Herne geboren, besuchte das Gymnasium in Westfalen und die Highschool in den USA. Nach dem Abitur in Unna studierte sie von 1975 bis 1981 Rechtswissenschaft in Konstanz und legte die juristische Staatsprüfung ab. Von 1981 bis 1987 war sie Verwaltungsrichterin am Verwaltungsgericht Freiburg, von 1987 bis 1995 Stellvertreterin des Landrates beim Landratsamt Breisgau-Hochschwarzwald, wo sie das Bau- und Umweltdezernat leitete. Im Jahre 1995 wurde sie zur Oberbürgermeisterin der Stadt Lörrach gewählt und 2003 wiedergewählt. Gudrun Heute-Bluhm ist verheiratet und hat einen Sohn.

Martin Josephy ist 1968 in Basel geboren und hier aufgewachsen. Dem Architekturstudium in Kassel und Wien folgte ein Nachdiplomstudium Geschichte und Theorie der Architektur an der ETH Zürich. Seine Berufstätigkeit liegt im Grenzbereich zwischen Praxis, Theorie und Kunst: Langjährige Projektarbeit für die Barragan Foundation/Vitra, 2002–04 Leiter ETH-Studio Basel/Institut Stadt der Gegenwart, seit 2005 selbständiger Berater für Stadt- und Regionalentwicklung und Hochschulprojekte am Oberrhein. Er ist Mitbegründer des Departements Stadtforschung, Landschaftsästhetik, Spaziergangswissenschaft der Virtuellen Architektur-Hochschule Oberrhein und Mitglied im Stiftungsrat Architektur-Dialoge Basel.

Peter-Jakob Kelting, 1959 in Itzehoe geboren, studierte Literaturwissenschaft, Geschichte und Soziologie an der Universität Hamburg. Er arbeitete als Dramaturg am Deutschen

Schauspielhaus Hamburg (1987) und am Landestheater Niedersachsen Nord in Wilhelmshaven (1989–91), als Referent für Öffentlichkeitsarbeit am Theater Lübeck (1991–94) und als Leiter des Kinder- und Jugendtheaters am Theater Konstanz (1994–96). Von 1997 bis 2002 leitete er das Theater Winkelwiese in Zürich, bevor er 2003 bis 2005 als Künstlerischer Betriebsdirektor für Theater der Welt 2005 in Stuttgart tätig war. Seit 2006 ist Peter-Jakob Kelting, der darüber hinaus auch als Autor und Regisseur tätig war, Dramaturg am Theater Basel.

**Carlo Knöpfel**, geboren 1959 in Ludwigshafen, studierte Wirtschaftswissenschaften an der Universität Basel. Nach einem einjährigen Sprach- und Studienaufenthalt in Lateinamerika wurde er Leiter des Büros für wirtschaftspolitische Studien in Basel. Seit 1993 arbeitet er bei Caritas Schweiz, seit 2002 als Leiter des Bereichs Grundlagen und Mitglied der Geschäftsleitung sowie als Berater der sozialpolitischen Kommission von Caritas Europa. Er ist Mitglied der Geschäftsleitung der SKOS (Schweizerischen Konferenz für Sozialhilfe) sowie Dozent am Institut für Soziologie der Universität Basel, an der Fachhochschule für Sozialarbeit beider Basel, an der Fachhochschule für Sozialarbeit Zürich und an der Fachhochschule für soziale Arbeit Luzern. Er ist verheiratet und Vater von zwei Töchtern.

**Daniela Koechlin**, geboren 1963, ist in München aufgewachsen und studierte Anglistik, Germanistik und Italianistik (Literatur- und Sprachwissenschaft) in Konstanz, München und Basel. Sie unterrichtete Deutsch für Fremdsprachige und arbeitete als freie Mitarbeiterin bei Radio DRS, Abteilung Hörspiel. Bis 2000 war sie Mitherausgeberin des Basler Elternbildungsprogramms PEB. Es folgte eine Ausbildung zur dipl. Sozialarbeiterin an der Fachhochschule Basel. Seit 2004 ist sie Schulsozialarbeiterin Sekundarstufe 1 in Münchenstein BL. Zur Zeit bildet sie sich zur spezialisierten Erziehungsberaterin weiter. Sie ist Mutter von drei Kindern im Alter zwischen 11 und 18 Jahren.

**Fabienne Krähenbühl**, 1982 in Basel geboren, besuchte die Primarschule in Reinach und die Sekundarschule Minerva in Basel. Nach einem Sprachaufenthalt in Oxford, England, absolvierte sie eine bunte Palette an Praktika und Ausbildungen in den Bereichen Pflege, Informatik, Gastronomie und Medien. Seit 2004 ist sie Redaktorin bei Radio X. Daneben arbeitete sie u.a. als Studienkoordinations-Assistentin am Bruderholz-Spital und seit 2006 auch als Buchhändlerin.

**Anni Lanz**, geboren 1945, besuchte nach dem Mädchengymnasium die Kunstgewerbeschule, entschied sich aber nach einer Ausbildung als Zeichenlehrerin sowie Tätigkeiten als medizinische Zeichnerin und Verkäuferin für ein Soziologiestudium und bereiste u.a. Tanzania. Nach dem Lizenziat an der Universität Zürich erwarb sie das Basler Wirtepatent, um 1979 mit ähnlich Gesinnten die selbstverwaltete Beizengenossenschaft Hirscheneck in Basel zu gründen.

1982 baute sie den Gastwirtschaftsbetrieb in der Kulturwerkstatt Kaserne auf, 1985 das Kultur- und Quartierprojekt «Alte Stadtgärtnerei», das mit einer Volksabstimmung beendet wurde.

Seit Ende der 70er-Jahre engagiert sich Anni Lanz in der Frauenbewegung und seit 1984 in der Asylbewegung. Sie rief 1988 mit türkischen und kurdischen Frauen das Selbsthilfeprojekt Manolya ins Leben. 1993/94 beherbergte sie, zusammen mit anderen Engagierten, von der Empfangsstelle abgewiesene Asylsuchende bis zur Aufhebung der «Papierweisung» und beteiligte sich seit 1988 beim Frauenrat für Aussenpolitik. Von 1996–2003 arbeitete Anni Lanz als politische Sekretärin bei Solidarité sans frontières und setzte sich auch danach weiterhin ehrenamtlich für die Rechte der Sans-Papiers ein. 2004 verlieh ihr die Juristische Fakultät der Universität Basel für ihre Verdienste um die Menschenrechte die Ehrendoktorwürde.

**Benedikt Loderer,** 1945 in Bern geboren, studierte nach einer Bauzeichnerlehre und der Matura auf dem zweiten Bildungsweg Architektur an der ETH in Zürich. Anschliessend war er Hochschulassistent, Fernsehvolontär, Architekt und einige Jahre freier Journalist, namentlich als «Stadtwanderer» und Architekturkritiker beim «Tages-Anzeiger». Zwischen 1980 und 1986 schrieb er drei Hörspiele und ein Fernsehstück und war Teilzeitredaktor der Architekturzeitschrift «aktuelles bauen». 1988 gab er den Anstoss zur Gründung der Zeitschrift für Architektur und Design «Hochparterre», deren Chefredaktor er wurde. Im Mai 1997 trat er als Chefredaktor zurück und wurde Redaktor und Stadtwanderer ohne Führungsaufgabe bei «Hochparterre». Er besuchte den Nachdiplomkurs «Kunst+Beruf» der Universität Bern, ist also auch noch Kulturmanager.

**Antonio Loprieno** wurde 1955 in Italien geboren. An der Europäischen Schule in Brüssel absolvierte er die Sekundarschule. Es folgte das Studium der Ägyptologie, der Sprachwissenschaft und der Semitistik an der Universität von Turin, wo er 1977 mit dem Doktorat abschloss und bis 1981 als Assistent tätig war. Anschliessend bildete er sich als Stipendiat der Alexander-von-Humboldt-Stiftung an der Georg-August-Universität in Göttingen weiter, wo er 1984 auch seine Habilitation erlangte. Von 1983 bis 1986 war er Dozent an der Universität von Perugia, von 1984 bis 1987 erneut an der Universität Göttingen. 1987 wurde er zum Extraordinarius für Hamito-semitische Sprachwissenschaft an der Universität Perugia ernannt, wo er bis 1989 lehrte und forschte. Von 1989 bis 2000 war er als Ordinarius für Ägyptologie an der University of California, Los Angeles tätig, wo er auch das Department of Near Eastern Languages and Cultures leitete. Während dieser Zeit nahm er Gastprofessuren an verschiedenen Universitäten wahr. Er ist Mitglied etlicher nationaler und internationaler wissenschaftlicher Gesellschaften.

Seit 2000 ist Antonio Loprieno Ordinarius für Ägyptologie an der Universität Basel. Seine Forschungsgebiete sind die Sprachen des Vorderen Orients sowie die ägyptische Kulturgeschichte und Religion.

**Dominique Lüdi**, 1981 in Zürich geboren, besuchte die Primarschule und das Gymnasium in Basel. Nach einem Zwischenjahr mit Voluntärarbeit in Bolivien studierte sie an der Hochschule für Musik und Theater in Zürich, die sie mit dem Schauspieldiplom abschloss. Seit 2004 ist sie in Deutschland und der Schweiz als Schauspielerin tätig. Daneben entwickelt sie eigene Projekte.

**Erika Paneth**, geboren 1959 in Reinach (BL), schloss die Schule mit der Musik-Matur ab. Es folgte der Umzug nach Basel und dort die ersten politischen Engagements in der OFRA (Organisation der Frau) und der Armeeabschaffungsinitiative. In dieser Zeit bildete sie sich zur Sozialpädagogin aus und besuchte nach der Geburt ihrer Tochter das KV. Nach diversen Jobs im sozialen Bereich und in politischen Verbänden, gründete sie die Frauenliste, die 1992 in Fraktionsstärke in den Grossen Rat einzog. Dem politischen Engagement blieb sie treu und war Verfassungsrätin und nachrückende Grossrätin für die SP. Daneben bildete sie sich als Master of Business Process Engineering, Webmaster (FHSO), Projektleiterin (SIZ) und PR-Beraterin (DAPR, Berlin) weiter. Sie führt eine kleine GmbH, wobei sie auf Kommuniktionsprojekte spezialisiert ist. Zur Zeit arbeitet sie für Schweiz Tourismus im Euro-08-Projekt mit.

**Adrian Portmann**, 1965 in Basel geboren, studierte Theologie in Basel und Berlin und promovierte mit einer Arbeit über Essen und Religion. Er arbeitet als Studienleiter im Forum für Zeitfragen Basel und forscht im Rahmen eines Nationalfonds-Projekts über den Umgang mit religiöser Pluralität.
Verschiedene Buchpublikationen und Aufsätze, unter anderem zu Essen und Religion und zum Zusammenhang von Religion und Politik. Er schreibt für die ProgrammZeitung die Kolumne «Verbarium» und lebt mit Frau und Sohn in Basel.

**Jacques Reiner** wurde 1942 in Lausanne geboren, studierte Chemie in Basel und Bern und arbeitete während 30 Jahren in der Produktion und Kommunikation der ehemaligen Ciba. 1996 war er Mitbegründer einer Kommunikations- und Public Relationsagentur, einem spin-off der Fusion von Ciba und Sandoz zu Novartis, die Kommunikationskonzepte und -strategien, Corporate Identity, Eventmanagement und Medientraining anbietet. Er betreibt heute eine Einzelfirma, die über ein analoges Dienstleistungspaket verfügt.

**Regula Renschler**, geboren 1935 in Zürich, studierte Romanistik und moderne Geschichte an der Universität Zürich. Nach dem Doktorat arbeitete sie als Auslandredaktorin an verschiedenen Tageszeitungen, u.a. Tages-Anzeiger. Von 1974 bis 1985 war sie Sekretärin der «Erklärung von Bern», ab 1985 Redaktorin bei Radio DRS, als Fachfrau für «Dritte Welt», andere Kulturen, Literatur aus Lateinamerika, Migration und Entwicklungspolitik. Ausgedehnte berufliche Reisen führten sie nach Lateinamerika, Asien und Afrika, wo sie ein

Jahr afrikanische Journalisten ausbildete. Zur Zeit ist sie als Publizistin, Übersetzerin und Programm-Verantwortliche beim Lenos-Verlag in Basel tätig. Sie lebt in Basel und hat einen Sohn und eine Enkelin.

**Sibylle Ryser** ist gelernte Baslerin. Im letzten Jahrhundert (1960) in Bern geboren, ist sie dem engen Aarebogen bald in Richtung Romandie entflohen und 1989 in die Grenzstadt Basel eingewandert. Hier hat sie Grafikdesign studiert, in Amsterdam Berufserfahrung gesammelt und betreibt seit der Jahrtausendwende ein eigenes Grafikbüro mit Schwerpunkt Buchgestaltung. Sie hat immer wieder Lust auf Horizonterweiterung und deshalb an der Uni Zürich Populäre Kulturen, Kunstwissenschaft und Publizistik studiert und 2006 ein Lizenziat über Amateurmalerei geschrieben. Sie ist noch immer am liebsten Grafikerin, heute auf einer zweiten Schiene auch publizistisch unterwegs und schreibt zu Kunst und Alltagskultur. Sie interessiert sich für High & Low und besonders für den Bereich dazwischen.

**Tiziana Sarro** wurde 1974 als Tochter italienischer Immigranten in Basel geboren. Schon von Kindesbeinen an war es ihr Wunsch, Schauspielerin zu werden. Kaum ihr erstes Diplom in der Tasche, betrat sie bereits die Bretter, die die Welt bedeuten, im Jungen Theater Basel, wo sie 4 Jahre lang Ensemble-Mitglied war. Nach der Geburt ihrer Tochter Fiamma versuchte sie sich erstmals mit Erfolg im Regiefach. Da sie überaus wagemutig ist und gerne Grenzen sprengt, erforschte sie verschiedenste Formen um, auf, neben, unter und/oder über der Bühne und bei Film und Fernsehen. Unter anderem war sie am Theater Basel, bei Karl's Kühne Gassenschau sowie in der Theaterfalle Basel zu sehen, wo sie noch immer tatkräftig mitmischt. Heute arbeitet sie als freie Schauspielerin und Regisseurin in Theater, Film und Fernsehen sowie im Kommunikations- und Krisenmanagement in Erziehung, Bildung und Wirtschaft.

**Isabelle Schubiger**, 1974 in Zürich geboren, ist in Luzern aufgewachsen. Nach dem Besuch des Lehrerseminars arbeitete sie als Primarlehrerin in Luzern und Basel-Stadt und als Theaterpädagogin für Kinder- und Jugendtheater in Zug. Es folgten Studien am Institut für Spezielle Pädagogik und Psychologie ISP in Basel und ein Regiestudium an der Hochschule für Musik und Theater HMT in Zürich. Seit Beginn der Spielzeit 06/07 ist sie Regieassistentin am Theater Basel.

**Cristina Stotz**, 1948 in Oxford geboren, besuchte die Schulen in Basel und das Lehrerseminar in Liestal. Bis 1973 war sie als Lehrerin im Oberbaselbiet tätig, dann absolvierte sie eine Keramikausbildung in Bern. Von 1976 bis 1990 hatte sie eine eigene Keramikwerkstatt. Ab 1990 arbeitete sie als Pädagogin an der Primartagesschule in Basel und begann parallel dazu mit Fotoarbeiten. Seit 1999 entwickelt sie Konzepte und Projekte mit Fotografie (Schwerpunkte

Wahrnehmung und Stadtentwicklung) sowie im Bildungsbereich. Sie ist verheiratet und hat drei Kinder.

**Lucy Ulrich,** geboren 1955 in London, wuchs in Griechenland, London, Paris, Rom, im Südtirol und in Genf auf. Nach einem Sprachstudium in Cambridge arbeitete sie als Journalistin vier Jahre bei verschiedenen englischen Lokalzeitungen und ab 1982 für sechs Jahre bei Swiss Radio International in Bern. Es folgten zwei Jahre als Übersetzerin beim Schweizerischen Bankverein und zehn Jahre bei der Bank für Internationalen Zahlungsausgleich BIZ. Nach der Heirat folgte sie ihrem Mann 2000 nach Washington und arbeitete dort für die Weltbank. Seit 2002 lebt sie mit ihrer Familie wieder in Basel, gibt Englischunterricht und ist als freie Übersetzerin und Publizistin tätig.

**Astrid van der Haegen,** geboren 1960 in Luzern und Mutter eines erwachsenen Sohnes, ist Unternehmerin und Inhaberin der Swiss Entertainment Holding, Präsidentin der Wirtschaftsfrauen Schweiz und Mitglied der Eidgenössischen Konjunkturkommission. Ihr Leitsatz ist: Warte nie bis du Zeit hast!

**Sabine Villabruna,** geboren 1958, ist Architektin und Immobilienverwalterin. Seit 2006 arbeitet sie bei der Rheinschifffahrtsdirektion im Bereich Immobilien und Hafenentwicklung.

**Ursina von Albertini,** geboren 1943, ist Psychotherapeutin mit Zusatzausbildungen in Bewegung, Organisationsentwicklung und Coaching. Seit ein paar Jahren engagiert sie sich in einem Schulprojekt in Senegal. Sie betreibt eine eigene Beratungspraxis für Menschen jeden Alters, die sich beim Nachdenken über ihre Arbeits- oder Lebenssituationen eine professionelle Begleitung wünschen.

**Christian Vultier,** geboren 1956 in Basel, besuchte die Primarschule und das Progymnasium in Binningen, das Gymnasium in Oberwil und die Hotelfachschule in Luzern. Zudem absolvierte er eine berufsbegleitende Ausbildung in Marketing und Management sowie ein Nachdiplomstudium Tourismusmarketing. Nach diversen Anstellungen in den Bereichen Hotellerie und Tourismus, u.a. auf einem Kreuzfahrtschiff, war er Tourismusdirektor der Thunersee-Region. Seit 2006 ist er Geschäftsführer der Basler Personenschifffahrts-Gesellschaft. Er lebt in Basel und hat drei Töchter.

# Lochkamera-Bilder

**Kathrin Schulthess,** geboren 1960 in Zürich und dort aufgewachsen, absolvierte in Basel von 1979 bis 1982 eine Ausbildung zur Bewegungspädagogin. Anschliessend Arbeit und Weiterbildung in den Sparten Bewegung, Tanz und Choreografie. Ab 1984 war sie Tänzerin in der Compagnie Fumi Matsuda in Zürich. 1991 und 1993 folgten choreografische Arbeiten mit Silvia Buol. Während 10 Jahren hatte sie ein eigenes Bewegungsstudio in Basel. 1993 bis 1997 Ausbildung zur Fotografin mit anschliessender einjähriger Weiterbildung in den USA. Seit 1999 arbeitet sie als freischaffende Fotografin in Basel.

Umschlag: Tischgespräche mit Basler Stadtplan, Brot und Wein im Theaterraum K6
2/3  Feierabend an der Basler Riviera bei der Klingentalfähre
14/15  Unterwegs auf der Schwarzwaldbrücke
24  Sonntagsbier vor dem Schiefen Eck am Claraplatz
26  Voltaplatz für FussgängerInnen (Baustelle Nordtangente)
40/41  NT-Areal vor der Erlenmatt-Überbauung
54/55  Frankfurterstrasse, Dreispitz-Areal
72/73  Messe-Platz mit ART-Bus
88  Güterstrasse wird zum Boulevard
104  Jacob-Burckhardt-Haus mit BLT-Tram
120/121  Zollhaus an der Grenze nach St. Louis
134/135  Münsterfähre beim Ablegen
150  Grenzacherstrasse, Ecke Fischerweg, stadtauswärts
161  Bahnhof SBB, Gleis 7
174/175  Verankert im Hafenbecken 2

Die Fotos wurden mit einer Lochkamera aus Holz im Mai/Juni 2007 aufgenommen.

Das Signet des 1488 gegründeten
Druck- und Verlagshauses Schwabe
reicht zurück in die Anfänge der
Buchdruckerkunst und stammt aus
dem Umkreis von Hans Holbein.
Es ist die Druckermarke der Petri;
sie illustriert die Bibelstelle
Jeremia 23,29: «Ist nicht mein Wort
wie Feuer, spricht der Herr,
und wie ein Hammer, der Felsen
zerschmettert?»